Theodor Zahn

Geschichte des Sonntags - vornehmlich in der alten Kirche

Theodor Zahn

Geschichte des Sonntags - vornehmlich in der alten Kirche

ISBN/EAN: 9783743497474

Hergestellt in Europa, USA, Kanada, Australien, Japan

Cover: Foto ©ninafisch / pixelio.de

Weitere Bücher finden Sie auf **www.hansebooks.com**

Geschichte des Sonntags

vornehmlich

in der alten Kirche.

Vortrag

von

D. Theodor Zahn,
o. Professor der Theologie zu Erlangen.

Hannover.
Verlag von Carl Meyer.
(Gustav Prior.)
1878.

 Um gefällige Beachtung der inneren Seiten, sowie der Rückseite des Umschlages wird gebeten.

Verlag von **Carl Meyer** (Gustav Prior) in Hannover.

Keine Frage dürfte wohl gegenwärtig die gesammte theologische Welt in höherem Grade beschäftigen wie die Johanneische. Die Verlagsbuchhandlung erlaubt sich daher hiermit den ergebenen Hinweis auf den vor Kurzem in ihrem Verlage in zweiter völlig umgearbeiteter Auflage erschienenen

Commentar zu dem Evangelium des Johannes
von F. Godet,
Doctor und Professor der Theologie zu Neuchatel.

Mit Genehmigung u. unter Mitwirkung d. Verfassers ins Deutsche übertragen von E. R. Wunderlich, Pfarrer zu Bondorf.
Zweite, völlig umgearbeitete Auflage.
2 Theile in 1 Bande. Lexicon-Format. Geh. 14 M.

Das würdige Gegenstück des Commentars zum Evangelium Johannis und gleichzeitig zu den gründlichsten exegetischen Werken älterer und neuerer Zeit gehörend, ist unbedingt der

Commentar zu dem Evangelium des Lucas
von F. Godet.
Deutsch bearbeitet von E. R. Wunderlich, Pfarrer zu Bondorf.
Vom Verfasser autorisirte und durchgesehene deutsche Ausgabe.
37 Bogen Lexicon-Format. Geh. 7 M 60 ₰.

Betrachtungen über das Evangelium des Lucas.
Nach Quesnel
als Zugabe zu Godet's Commentar zum Evangelium des Lucas
frei bearbeitet
von E. R. Wunderlich, Pfarrer zu Bondorf.
Zweite Ausgabe. Geh. 2 M.

Ferner erschien:

Bibelstudien
von F. Godet.
Deutsch bearbeitet von J. Kägi, evangelischem Pfarrer.
Erster Theil. Zum alten Testament.
Zweite Ausgabe.
Vom Verfasser autorisirte und durchgesehene deutsche Ausgabe.
Geh. 2 M 40 ₰.

Der zweite Theil wird im Laufe des Jahres 1878 zur Ausgabe gelangen und das Werk abschließen.

Geschichte des Sonntags

vornehmlich

in der alten Kirche.

Vortrag

von

D. Theodor Zahn,

o. Professor der Theologie zu Erlangen.

Hannover.

Verlag von Carl Meyer.

(Gustav Prior.)

1878.

Geschichte des Sonntags

vornehmlich

in der alten Kirche.

Vortrag

von

D. Theodor Zahn,

o. Professor der Theologie zu Erlangen.

Hannover.
Verlag von Carl Meyer.
(Gustav Prior.)
1878.

Hofbuchdruckerei der Gebr. Jänecke in Hannover.

Vorrede.

Dieser Vortrag, welcher am 31. Januar d. J. in einem Cyklus sogenannter wissenschaftlicher, aber für eine gemischte Zuhörerschaft bestimmter Vorträge in der Aula der Universität Kiel gehalten wurde, sollte nicht neue Entdeckungen mittheilen. War es schon ein Wagniß, über einen so viel erörterten Gegenstand aus freier Wahl öffentlich zu reden, so ist vollends die Veröffentlichung des Gesprochenen in erweiterter Gestalt nur durch das Bewußtsein der Pflicht zu rechtfertigen, gerade auch diejenigen Wahrheiten, welche von sehr Wohlgesinnten verkannt und verdunkelt zu werden pflegen, mit möglichster Bestimmtheit und unermüdlich auszusprechen, damit nicht der Bund zwischen löblichem praktischem Eifer und verwerflichem theoretischem Irrthum als ein unauflöslicher erscheine.

Von der massenhaften neueren Literatur über den Sonntag ist mir nur ein Theil bekannt; namentlich bedauere ich, das Werk von Robert Cox, the Literature of the Sabbath Question 1865. 2 voll., auf mehreren Bibliotheken vergeblich gesucht zu haben. Daß es eine einigermaßen genügende Geschichte des Sonntags bis heute nicht giebt, glaube ich trotzdem behaupten zu dürfen; und daß mein Vortrag diese Lücke der theologischen Literatur nicht ausfüllen soll, wird sich von selbst verstehen. Doch würde ich es mit großem Dank begrüßen, wenn Einer, der sich dieser Aufgabe unterziehen wollte, aus den in den Anmerkungen hinter dem Text niedergelegten Andeutungen einigen Nutzen ziehen könnte. Werthvoller jedoch wäre es, wenn so warme und von mir verehrte Freunde des Sonntags wie der Verfasser des „Beitrags zur Lösung der Frage der Sonntagsheiligung, Schleswig 1877", welcher den mündlichen Vortrag nur mit Kopfschütteln anhörte, durch das gelesene Wort zu einer anderen Bewegung des Kopfes und des Herzens sich veranlaßt sähen.

Kiel, den 10. März 1878.

Theodor Zahn.

Wo Christenthum und Kirche auf das äußere Leben der Völker einen bestimmenden Einfluß gewonnen und bis heute behauptet haben, da berührt sich die Arbeit des Theologen mit den Interessen der allgemeinen Bildung. Nicht immer ist diese Berührung eine freundliche; denn die Gedankenkreise und Anschauungen, welche den Inhalt der allgemeinen Bildung unserer Tage ausmachen, sind längst vom Leben und von der Lehre der Kirche unabhängig geworden; sie herrschen am unbedingtesten da, wo ein innerer Zusammenhang mit der Stiftung Christi nicht mehr besteht, und sie behaupten ihre Unabhängigkeit eifersüchtig trotz aller Versicherungen, daß das Beste unserer Cultur auf dem Christenthum beruhe. Kein Wunder daher, wenn die Erörterungen über religiöse und kirchliche Dinge zwischen den Bekennern des alten Christenglaubens und denjenigen, die das nicht sind, so oft in gereiztem Tone geführt werden; kein Wunder auch, wenn der christliche Theologe von vornherein für seine Auffassung der mit dem Christenthum zusammenhängenden Verhältnisse in weiteren Kreisen auf ein geneigtes Gehör nicht zu hoffen wagt. Aber es giebt auch Punkte, wo das Christenthum und die von ihm unabhängig gewordene Cultur sich freundlich berühren. Es giebt Einrichtungen und Ordnungen unter uns, deren christlicher Ursprung ebenso zweifellos ist, als ihre segensreiche Wirkung bis heute allgemein anerkannt wird. Die Sonntagsfeier ist eine dieser Einrichtungen, und zwar eine der wichtigsten.

Das Heidenthum hat keinen Sonntag. Weder die Völker des klassischen Alterthums noch unsere heidnischen Vorfahren kannten einen in kurzen Zwischenräumen regelmäßig wiederkehrenden Feiertag, an welchem alles Volk, befreit von dem Zwang der täglichen Arbeit, das Recht und die Pflicht fühlte, sich mit höheren und schöneren Dingen zu beschäftigen. Wir haben einen solchen Tag, und so gewiß wir ein Gut daran haben, so gewiß verdanken wir dies dem Christenthum. Noch hat unser Volk seinen Sonntag; aber es ist Grund genug vorhanden, von einer Sonntagsfrage zu reden. Es fragt sich in der That, ob unser Volk seinen Sonntag behalten wird, vielleicht sagte ich richtiger, ob's ihn wiedergewinnen wird, nachdem es ihn zum großen Theil verloren hat. Viel hat dieser Tag unter uns von seiner ehemaligen Würde eingebüßt. Vielleicht fehlt nicht mehr viel daran, so paßt wenigstens auf unser städtisches Leben, was in den vierziger Jahren der Socialist Proudhon in Bezug auf Frankreich sagte: „Der Sonntag in den Städten ist kaum etwas anderes als ein Tag der Feier ohne Motiv und ohne Zweck, eine Gelegenheit zu paradiren für die Kinder und die Frauen, ein Tag des gesteigerten Verbrauchs für die Restaurateure und die Weinhändler, des entwürdigenden Nichtsthuns und des übermäßigen Genusses[1].“ Trotzdem sage ich: wir haben noch einen Sonntag, und wenn ich es versuche, in kurzen Zügen die Geschichte desselben darzustellen, so meine ich nicht die Lebensgeschichte eines Verstorbenen zu erzählen. Er lebt wenigstens noch in den Herzen Vieler und im

Gewissen unseres Volkes. Das beweist unter Anderem der Eifer, womit in gegenwärtiger Zeit wieder für die Erneuerung der Sonntagssitte unter uns geredet, geschrieben und gehandelt wird. Es geschieht ja nicht nur von Seiten derer, welchen vor allem die religiöse Feier des Tages am Herzen liegt; auch die Socialdemokratie fordert für die Arbeiter besseren gesetzlichen Schutz der Sonntagsruhe. Wenn die regierenden und gesetzgebenden Gewalten sich gegenüber solchen Forderungen von der einen oder von der anderen Seite noch ein wenig spröde zeigen, so machen sie keine principiellen Gründe geltend. Nur die praktische Durchführbarkeit wird beanstandet. Es heißt z. B., die Interessen des öffentlichen Verkehrs gestatteten es nicht, dem zahlreichen Heer von Beamten, durch welche dieser Verkehr vermittelt wird, das erwünschte Maß von Sonntagsfreiheit zu gewähren. Aber auch in denjenigen Kreisen, welche noch kein Interesse an dieser für die gemeine Wohlfahrt wie für die Kirche wichtigen Frage zeigen, schlummert noch eine Hochschätzung des Sonntags, welche sofort erwachen würde, wenn er bei uns ebenso gesetzlich abgeschafft werden sollte, wie er unter den germanischen Völkern gesetzlich eingeführt worden ist. Es ist wahrlich mehr als ein Stück Poesie, was aus unserem Leben verschwände, wenn dieser Tag uns entrissen würde, wo des Dienstes immer gleich gestellte Uhr für die Meisten zum Stillstand verurtheilt ist. Sie ist uns zum Lebensbedürfnis geworden: diese regelmäßige Unterbrechung der berufsmäßigen Arbeit durch einen Tag der Feier und der Freiheit. Der Schüler, welcher am Sonntag wie an allen Tagen den Schulstaub schlucken müßte, und der Lehrer an hohen oder niederen Schulen, welcher gesetzlich verpflichtet würde, auch an diesem Tage seines Amtes zu warten, sie würden das beide ansehen als ein Attentat auf ein unveräußerliches Menschenrecht. Ja, als ein in der Natur des Menschen begründetes Recht erscheint uns heute, was wenigstens ebensosehr ein Ergebnis geschichtlicher Entwickelung ist. Wie es zu Stande gekommen ist, wollte ich zu zeigen versuchen. Die kurz zugemessene Zeit gebietet die Beschränkung, daß ich nur den Ursprung und die erste Entwickelung der Sonntagsfeier darstelle und sodann in flüchtigem Ueberblick zeige, was bis zur Gegenwart aus dem Sonntag geworden ist.

Man hat im Mittelalter, wahrscheinlich im achten Jahrhundert, einen Brief verfertigt, welchen Christus im Himmel geschrieben und in Jerusalem, nach Anderen in Rom, zur Erde habe fallen lassen, worin der Herr sein Volk auf Erden unter Androhung der härtesten Strafen in Zeit und Ewigkeit auffordert, den Sonntag durch Enthaltung von aller Arbeit und fleißigen Besuch des Gottesdienstes zu heiligen und dieses sein schon früher gegebenes Gebot endlich pünktlicher als bisher zu erfüllen.[2]) Da haben Sie das äußerste Gegentheil der ursprünglichen Idee des Sonntags. Der Sonntag ist keine Stiftung und kein Gebot Christi; und wie innig er mit der Geschichte des Christenthums verflochten ist, er ist nicht ganz so alt wie dieses. Doch muß man, um seinen Ursprung zu verstehen, auf den Anfang und die erste Entwickelung des Christenthums zurückgreifen.

Jesus ist nicht bloß durch seine Geburt ein Glied des jüdischen Volkes und ein Unterthan des mosaischen Gesetzes gewesen; er ist auch auf beides willig eingegangen, ohne jedoch jemals das Bewußtsein zu verleugnen, daß sein Beruf über das eigene Volk hinausgreife. Aber es hat sich auch in hervorragendem Maße an ihm gezeigt, was annähernd überall da stattfindet, wo eine schöpferische Persönlichkeit in die Geschichte eintritt: Sie erfüllt ihre Aufgabe nicht ohne mannigfachen Zusammenstoß mit dem, was vorher herrschte. Jesus ist ausdrücklich der Vorstellung als einem Irrthum entgegengetreten, als ob er die in seinem Volke von Gott und Rechts wegen bestehende gesetzliche Ordnung umzustürzen gekommen sei. Im Gegentheil wollte er die durch das mosaische Gesetz dargebotenen Formen des jüdischen Lebens mit ihrem wahren Inhalt erfüllen und dadurch beleben. Nach diesem Wort hat Jesus gehandelt wie in allen übrigen Beziehungen des Lebens, so auch in Bezug auf die heiligen Zeiten Israels und besonders auch in Bezug auf den Sabbath. „Nach seiner Gewohnheit" — so lesen wir [3] — besuchte er die Synagoge am Sabbath. Die Synagogengottesdienste an diesem Tage und die Sitte, den auswärtigen Rabbi, welcher die Synagoge betrat, zu einer Ansprache aufzufordern, boten ihm Gelegenheit, im Anschluß an die Vorlesung des alten Testaments seine neue Lehre zu verkündigen. Die peinliche Aengstlichkeit war und blieb ihm allerdings fremd, womit die gesetzeseifrige Mehrheit des Volkes damals nach Anweisung seiner Lehrer das Sabbathgesetz auffaßte und befolgte; und bekanntlich hat sich der Kampf Jesu mit der pharisäischen Partei und sodann mit der Obrigkeit seines Volkes hauptsächlich daran entsponnen, daß Jesus und seine Jünger am Sabbath zu thun sich erlaubten, was nach der strengeren Sitte als Sabbathschändung galt oder doch von Böswilligen dafür ausgegeben werden konnte. Wenn seine Jünger am Sabbath mit ihm durch ein Kornfeld gingen und hungrig von der Wanderung einige Aehren ausrissen, um die Körner zu essen, so tadelten das die Gesetzeswächter als Erntearbeit und Speisebereitung. Wenn Jesus mehr als einmal und gewiß nicht ohne Absicht gerade am Sabbath Kranke heilte und sie dann etwa aufforderte, ihre neugewonnenen Kräfte sofort zu gebrauchen, indem sie ihr Schmerzenslager auf dem Rücken davontrügen, so hieß es: „Der Mensch ist nicht von Gott, denn er hält den Sabbath nicht." Aber Jesus hat niemals zugegeben, daß er in diesem oder einem anderen Punkte das Gesetz gebrochen habe. Er beweist seinen Gegnern aus dem Gesetze selbst, welches auch ihm heilig war, daß der Gesetzgeber höhere Zwecke kenne, als die cerimoniale Heiligung des Sabbaths, ja daß Priester und Laien durch das Gesetz selbst angewiesen seien, den Buchstaben des Sabbathsgebots durch mancherlei Thun zu brechen. Er zeigt aus der heiligen Geschichte, daß auch die gefeierten Helden des alten Testaments in der Noth des Augenblicks die cerimonialen Ordnungen durchbrochen haben, ohne darum von den Darstellern der heiligen Geschichte oder vom Volksgewissen der späteren Zeiten Tadel zu erfahren. Auf den Wortlaut des Sabbathgebotes geht er zurück, welches die Sabbathruhe des israelitischen Volkes als eine Nachahmung der Ruhe Gottes vom Sechstagewerk der Schöpfung hinstellt. Daraus ergiebt sich ihm, daß nach dem ursprünglichen Sinn des Gesetzes die Feier dieses Tages nicht in der Unthätigkeit, sondern nur in einer anderen, höheren Art der Thätigkeit bestehe; denn jener Sabbath Gottes, welchen der Israelit am siebten Wochentage nachbilden sollte, währt noch immer und ist von dem welterhaltenden Wirken Gottes erfüllt.[4]) So beweisen sich Jesus und seine Jünger als fromme Israeliten, wenn sie am Sabbath zwar unterlassen, was mit Recht Alltagsarbeit heißen kann, aber andererseits den Sabbath durch Thun des Guten heiligen. Es ist nicht einmal ein formeller Widerspruch gegen das Gesetz, es ist nur die Wiederentdeckung seiner ursprünglichen Meinung und die schlichte Aussage des selbstverständlich Richtigen, wenn Jesus spricht: „Der Sabbath ist um des Menschen willen gemacht und nicht der Mensch um des Sabbaths willen." Was eine Wohlthat für den Menschen und ein Zeugnis der Freiheit vom Sclavendienst einer ununterbrochenen Arbeit sein sollte [5]), war in den Händen einer verknöcherten Gesetzlichkeit zu einer drückenden Fessel geworden. Was ein dem Menschen und seinen höchsten Zwecken dienendes Mittel sein sollte, war zum Selbstzweck und damit zu einem harten Herrn geworden, der gelegentlich nicht einmal das Leben seiner Knechte verschonte. Indem Jesus das richtige Verhältnis zwischen der gesetzlichen Heiligkeit des Sabbaths und dem Leben des Menschen herstellte, hob er das Sabbathgebot nicht auf, sondern lehrte sein Volk, dasselbe recht erfüllen. Nur ein einziges seiner Worte eröffnete eine Aussicht in eine weitere Entwicklung. Unmittelbar nachdem er jene einfache und unwidersprechliche Wahrheit ausgesprochen hatte, folgerte er daraus die andere: „So ist also des Menschen Sohn ein Herr auch des Sabbaths." Man möchte denken: wenn der Sabbath dem Menschen zu dienen und nicht ihn zu tyrannisiren bestimmt ist, so ist eben der Mensch, also jeder Mensch, ein Herr über diesen Tag; so hat jeder Mensch darüber zu verfügen, ob und wie und wann er ihn feiern will. Aber Jesus sagt dies nur von sich, dem Menschensohne, dem wahren Menschen, in welchem die Idee des Menschen als eines Herrn über alles Geschaffene und Vergängliche und so auch über die Zeit und ihre Ordnung zur Erfüllung kommt. Er hat die Macht, die geheiligtesten Ordnungen umzustoßen, wenn und wo sie nicht mehr geeignet sind, ihren Zweck zu erfüllen; aber er hat Zeit seines Lebens keinen andern Gebrauch von diesem Recht gemacht, als daß er das Sabbathgebot nach dem Geist und wahren Sinn seines Buchstabens erfüllte; und er hat es im Kampf gegen seine Gegner durchgesetzt, daß sie ihre anfängliche Anklage fallen ließen. Nicht als ein Sabbathschänder, sondern als ein Gottesläfterer, der sich für Gottes Sohn ausgegeben, ist er gekreuzigt worden.

Damit war der ersten Gemeinde Jesu der Weg gewiesen. Die älteste Kirche, die zwölf Apostel und die um sie sich sammelnde Gemeinde zu Jerusalem, war bekanntlich eine jüdische; aber es wird gewöhnlich nicht lebhaft genug vorgestellt, was alles damit gesagt ist. Die Verehrung für die Apostel als die grundlegenden und für alle Zeit maßgebenden Lehrer der Christenheit hat vielfach auch darin sich geäußert, daß man Alles, was als nothwendige Consequenz des christlichen Gedankens und als die angemessene Form des christlichen Lebens im Lauf der Zeiten sich herausgebildet hat, stillschweigend auch bei jenen voraussetzte. Weil nach einem Ausspruch des Apostels Paulus Christus des Gesetzes Ende ist, so schien es selbstverständlich, daß auch die Apostel vor ihm sammt der von ihnen geleiteten Gemeinde die gesetzlichen Ordnungen des israelitischen Volkslebens ebenso praktisch wie theoretisch hinter sich gehabt haben. Aber das Gegentheil erhellt aus dem neuen Testament. Die jüdischen Christen in Jerusalem und Palästina haben wenigstens bis zur Zerstörung Jerusalems durch die Römer durchweg das jüdische Cerimonialgesetz gehalten. Sie wollten Juden sein trotz ihres christlichen Bekenntnisses und legten Werth darauf dafür zu gelten. Sie feierten die jüdischen Feste mit; sie besuchten den Tempel zu den üblichen Betstunden; sie ließen Opfer für sich bringen; es kann kein Zweifel darüber bestehen, obwohl gerade dies nicht ausdrücklich bezeugt ist, sie beobachteten den Sabbath auf's gewissenhafteste[6]). Im anderen Falle wären sie gesteinigt worden. Statt dessen erfahren wir aus der Apostelgeschichte, daß sie zeitweise in hoher Achtung bei ihren ungläubig gebliebenen Volksgenossen standen. Im folgenden Jahrhundert wurde erzählt, daß Jakobus, der Bruder Jesu, welcher bis kurz vor Jerusalems Zerstörung an der Spitze der Gemeinde zu Jerusalem gestanden, wegen seiner gesetzlichen Strenge und seines eifrigen Tempeldienstes bei den Juden den Ehrentitel des Gerechten geführt habe. Daß in diesen Kreisen neben dem jüdischen Sabbath ein besonderer Tag für den christlichen Gottesdienst ausersehen worden, und daß hier die Sonntagsfeier entstanden sei, wäre eine Vermuthung, welche keinen scheinbaren Grund für sich und alle Wahrscheinlichkeit gegen sich hätte. Es mag ja sein, daß die Augenzeugen der Kreuzigung Jesu und der Erscheinungen des Auferstandenen, keinen Freitag vorübergehen ließen, ohne seines Todes, und keinen Sonntag, ohne seiner Auferstehung lebhafter als an anderen Tagen der Woche zu gedenken[7]). Aber das Einzige, was wir von den gottesdienstlichen Zusammenkünften der ersten Christen zu Jerusalem erfahren, ist dies, daß sie sich täglich im Tempel zusammenfanden und in den Häusern das heilige Mahl

feierten. So war es in den Wochen und Monaten der
ersten Erregung. Nachdem diese einem ruhigeren Verlauf
des Lebens gewichen war, wird der von den Vätern er-
erbte Sabbath sammt den übrigen heiligen Tagen Israels
dem Bedürfnis der Feier bei der jüdischen Christenheit
genügt haben. Der Sabbath zumal war ein starkes Band
der Gemeinschaft, welches sie mit dem Leben des gesammten
Volks verknüpfte; und indem sie den Sabbath heilig hielt,
folgte sie nicht nur dem Beispiel, sondern auch der Anweisung Jesu. Denn nicht nur für sich selber hatte er
die Rolle eines Empörers gegen die gesetzliche Ordnung
des israelitischen Lebens abgelehnt; auch seinen Jüngern
hatte er es zur Pflicht gemacht, die kleinste wie die größte
Satzung des alten Testaments zu ehren, bis ihr Zweck erfüllt
sei, und nicht Menschenwillkür, sondern Gottes Welt-
regierung sie außer Kraft gesetzt habe[8]). Einen bedeut-
samen Wink und eine praktische Regel hatte Jesus außer-
dem noch gegeben, als einst Petrus von den Einsammlern
der Tempelsteuer gefragt wurde, ob sein Meister diese
Steuer nicht zu entrichten pflege. Das rasche Ja des
Jüngers zeigte allerdings, daß ihm die volle Erkenntnis
von der Freiheit noch fehlte, womit Jesus alle religions-
gesetzlichen Forderungen erfüllte. Daher bringt Jesus dem
Petrus vor allem das zum Bewußtsein, daß er selbst als
der Sohn des himmlischen Königs frei sei von der Pflicht
der Steuerzahlung für den Tempel in Jerusalem, und daß
auch seine Jünger, die er zu Söhnen desselben Königs
erhoben, an dieser seiner Freiheit theilnehmen. Jesus und
die Seinigen gehören allerdings einer neuen Ordnung der
Dinge an; sie bilden eine Gemeinde, welche ihrem Wesen
nach über das Volk Israel und sein geoffenbartes Gesetz

und seinen an Ort und Zeit gebundenen Cultus erhaben ist. Aber um jene Steuereintreiber und alle gesetzeseifrigen Juden nicht zu ärgern, soll Petrus für sich und seinen Meister die Tempelsteuer zahlen. So lange der Tempel noch steht, und das Volk, dessen Heiligthum er ist, auf sein Gericht noch wartet, so lange gilt auch nach dem Willen Jesu für die jüdische Christenheit gegenüber dem jüdischen Volk und seinem Cultus die Pflicht, den Gebrauch der Freiheit durch die Rücksicht der Liebe zu beschränken[9]).

Aber Jesu Lehre und Beispiel waren nicht mehr ohne weiteres anwendbar, als der Christenglaube die Grenzen Palästinas überschritt und nun in den Städten Asiens und Europas christliche Gemeinden sich bildeten, welche vorwiegend aus geborenen Heiden bestanden. Es entstand die Frage, wie diese Genossenschaften zu einer ihrem Glauben entsprechenden Lebenssitte kommen, und welche Stellung zu den jüdischen Christengemeinden sie einnehmen sollten. Jesus hatte wohl von dem Hause seiner Gemeinde gesprochen, welches er bauen werde, aber eine Hausordnung für dasselbe hatte er nicht entworfen. Er hatte oft genug in Aussicht gestellt, daß sein Evangelium nach seinem Abschied von den Juden zu den Heiden sich wenden und die Welt erobern werde; aber über das Verhältnis, welches die aus den Heidenvölkern zu gewinnenden Elemente zu dem aus dem Judenthum herübergenommenen Grundstock im praktischen Leben einnehmen sollten, hatte er keine Anweisung hinterlassen. Daher stellte jene Frage, die bald eine brennende werden sollte, der Kirche eine schwere Aufgabe. Der große Heidenmissionar Paulus ging bei der Beantwortung derselben von der Erkenntnis aus, daß das mosaische Gesetz dem Volke Israel und nur diesem gegeben, und keineswegs bestimmt sei, die Lebensform für die Kirche aus allen Völkern zu werden. Bei aller Ehrerbietung vor der alttestamentlichen Offenbarung und bei der festen Ueberzeugung, daß der Beruf und die Bedeutung Israels noch nicht erloschen sei, war ihm doch von Anfang an gewiß, daß dieses Volk die übrigen nicht sich einverleiben solle. Vielmehr sollte die christliche Kirche den Heiden wie den Juden Raum gewähren, ohne daß die Ersteren durch Annahme des mosaischen Gesetzes oder eines Theils desselben ganze oder halbe Juden würden. Der Glaube an Christus als den Sohn des einen Gottes, welchen die Heiden nicht kennen, und als den Heiland aller Menschen macht zum vollberechtigten Gliede der Gemeinde, welche Christum als ihren Herrn anruft; und die Pflichten der Gemeindeglieder gegen ihren Herrn, gegen die Brüder und gegen alle Menschen sind nicht aus dem Gesetz Mosis oder den zehn Geboten herzuleiten, sondern sie ergeben sich unmittelbar aus dem Glauben der Christen und aus der Natur der Dinge. Und noch einen Schritt weiter ging der kühne Mann und die anderen jüdischen Christen, welche seine Mitarbeiter wurden. Während sie auf der einen Seite überall zuerst an die in der Heidenwelt zerstreuten Juden sich wandten, durch Predigt in den Synagogen an den Sabbathen sie zu gewinnen suchten und nach Möglichkeit es vermieden, den Juden anstößig zu werden, stand ihnen doch ihr Beruf höher als diese Rücksicht. Wollten sie Heiden bekehren und mit den neubekehrten Heiden brüderliche Gemeinschaft pflegen, ohne sie zum Judenthum zu zwingen, so mußten sie selbst in manchem Betracht aufhören Juden zu sein. Sie mußten jeder Zeit unbedenklich heidnische Häuser betreten, mit Heiden an

einem Tische sitzen, von demselben Brod mit ihnen essen
und aus einem Becher mit ihnen trinken. Die mosaischen
Speiseverbote und manches andere Stück des Gesetzes
mußten sie fahren lassen, wenn nicht ihre Worte von der
Gesetzesfreiheit des Christenthums durch ihr eigenes Beispiel um ihre Wirkung gebracht werden sollten. So
wurde Paulus den Griechen ein Grieche, und soweit sein
Einfluß reichte, folgten die jüdischen Christen in den über-
wiegend heidenchristlichen Gemeinden seinem Beispiel. Aber
diese Grundsätze fanden nicht allgemeine Billigung bei den
jüdischen Christen. Eine starke Partei forderte eben das, was
Paulus für unzulässig erklärte, und betrachtete als Frevel,
was er um seines Berufs willen als seine Pflicht ansah.
Es entbrannte der Streit, in welchem Paulus die Hälfte
seiner Lebenskraft verzehrt hat. Mit der einen Hand am
Bau der Heidenkirche arbeitend, hatte er mit der andern
Hand unablässig den Schild hochzuhalten gegen die oft
wiederholten Angriffe der pharisäischen Christen auf die
Gesetzesfreiheit der Heidenchristen. Auf einer Versammlung
zu Jerusalem war es ihm gelungen, von den dortigen
Aposteln und Gemeindehäuptern eine förmliche und feierliche Anerkennung seiner Grundsätze in Bezug auf Mission
und Kirchenbildung zu erlangen. Es ward beschlossen:
das Joch des Gesetzes solle den heidnischen Christen nicht
auferlegt werden; nur vier Stücke wurden ihnen anbefohlen, von welchen nicht von vornherein anzunehmen war,
daß sie von den im Heidenthum Aufgewachsenen sofort
mit sicherem Tact würden behandelt werden. Es ist ent-
scheidend für die Erkenntnis vom Ursprung des Sonntags
und der christlichen Gottesdienstordnung überhaupt, daß
unter diesen vier unerläßlichen Stücken ebensowenig die

Heilighaltung des Sabbaths als die Stiftung eines anderen heiligen Tages sich findet. So war es also nicht Paulus allein, sondern die Gesammtheit der Apostel, welche die Ordnung des gottesdienstlichen Lebens in der Heidenkirche der frei sich gestaltenden Sitte überlassen wissen wollten. Aber die pharisäisch gesinnte Partei ruhte nicht. Ihre Sendlinge folgten den Heidenmissionaren auf dem Fuß. Während Paulus in Macedonien und Griechenland missionirte, wußten sie sich in die jungen heidenchristlichen Gemeinden der Provinz Galatien einzuschleichen und ihnen vorzuspiegeln, daß sie bisher nur ein gefälschtes Evangelium gehört und an der Heiligkeit und Seligkeit der wahren Gemeinde Gottes keinen Theil hätten, bis sie durch Annahme der Beschneidung sich und ihr ganzes Leben den Ordnungen des mosaischen Gesetzes unterworfen hätten. Sie machten Eindruck, wenn sie auch nicht sofort Alles erreichten. Schon fingen die Heidenchristen jener Gegend an, die jüdischen Festzeiten und heiligen Tage zu beobachten und sich ein Gewissen daraus zu machen, als Paulus seinen Brief an die Gemeinden Galatiens schrieb. Er sah sein Werk dort als vernichtet an, wenn es den Gegnern gelang, diese Christen zur Unterordnung unter das mosaische Gesetz zu bewegen. Die bereits zu Tage getretenen Anfänge, wie die Feier gewisser Tage und Zeiten, erschienen ihm als Anfänge eines Rückfalls dieser heidnisch geborenen Christen in ihr früheres Heidenthum [10]). Paulus wußte sehr wohl, daß dies an sich nichts Anderes als ein Stück Judenthum war, welches in die gesetzesfreie Heidenkirche eindringen wollte. Aber es war diejenige Seite des Judenthums, wo es sich mit dem Heidenthum berührt vermöge der Gebundenheit des religiösen Lebens an Dinge und Kräfte der materiellen Welt. Allerdings betraf diese Gebundenheit nach der alttestamentlichen Offenbarung nur die Bethätigung der Religion im Ganzen der Volksgemeinde, also nur das öffentliche gottesdienstliche Leben, während sie im Heidenthum als eine Gebundenheit der religiösen Idee und Empfindung selbst sich darstellte und zur Vergötterung der Naturkräfte geführt hatte. Aber thatsächlich war dieser Unterschied sehr verwischt; denn das damalige Judenthum verwechselte beharrlich die gesetzlich geordnete und volksthümlich bestimmte Form der Religionsäußerung mit der Religion selber. Unter dieser Voraussetzung erfolgte der Angriff der pharisäischen Christen; und in diesem Sinne begann man in Galatien sich ihnen zu fügen. Darum war Paulus im Recht, wenn er erklärte, jede Feier gewisser regelmäßig wiederkehrender Tage und Zeiten, welche von der Meinung ausgeht, daß diese Tage und Zeiten vermöge einer gemeingültigen Ordnung heilig seien, jede Gebundenheit der Gewissen an eine vom Wechsel des Mondes und vom Stand der Sonne abhängige Ordnung der Zeiten sei eine Abhängigkeit von der Creatur, welche sich nicht vertrage mit der Erkenntnis des lebendigen Gottes und mit dem Glauben, welcher den Christen zu einem mündigen Sohne Gottes und zu einem Erben und Herrn über alles Geschaffene macht. Das waren nicht rasch hingeworfene, im Streit der Meinungen entstandene und nur für die Dauer des Streits gültige Sätze, sondern nothwendige Folgerungen aus dem Wesen des Evangeliums, wie Paulus es verstanden und gepredigt hat. Wesentlich die gleichen Wahrheiten hatte derselbe nach etlichen Jahren wieder zu bezeugen, als in der Gemeinde zu Kolossä judenchristliche Lehrer von etwas feinerer und vorsichtigerer Art auftraten. Diese forderten von den Heidenchristen nicht geradezu die Annahme des mosaischen Gesetzes, sondern empfahlen ihnen allerlei Mittel zur Heiligung des Lebens, welche theils dem mosaischen Gesetz entlehnt, theils in willkürlicher Fortbildung daran angeschlossen waren. Und nicht in schroffem Widerspruch gegen das Evangelium, welchem die Christen von Kolossä und Umgegend ihre Bekehrung verdankten, sondern als eine Vervollständigung und Vertiefung desselben führten sie ihre Lehre ein und begründeten sie durch naturphilosophische Theorieen. Aber nur um so bestimmter verurtheilte Paulus die Rathschläge dieser Leute als Menschengebot und Menschenlehre. Er ruft der Gemeinde zu: „Laßt Niemand euch ein Gewissen machen über Speise oder über Trank oder über bestimmten Feiertagen oder Neumonden oder Sabbathen."

Diese grundsätzliche Stellung des Paulus scheint bei oberflächlicher Betrachtung zwei Thatsachen unerklärlich zu machen. Man könnte erstlich fragen: Wie konnte Paulus bei diesen seinen Grundsätzen die älteren Apostel und die jüdischen Christen überhaupt noch als Christen betrachten, da sie den Sabbath hielten und auch sonst in den Formen des mosaischen Gesetzes lebten? Sodann erscheint es fraglich, wie da, wo diese Grundsätze des Paulus herrschten, eine feste Ordnung des gemeindlichen und gottesdienstlichen Lebens entstehen und zumal die allgemeine Feier eines der sieben Tage der Woche aufkommen konnte. Beide Thatsachen sind unleugbar. Was die erstere anlangt, so beweist das eigene Verhalten des Paulus, wie wenig seine Grundsätze die Anerkennung des in jüdischen Lebensformen sich bewegenden Christenthums ausschlossen. Wie er den Griechen

ein Grieche wurde, so wurde er auch wieder den Juden
ein Jude. Er war eben nicht der Fanatiker einer liberal
lautenden Formel, sondern der geistvolle Anwalt jener
evangelischen Freiheit, welche durch Christus an's Licht
gebracht ist und zugleich mit dem Glauben an das Evan=
gelium von Juden wie Heiden angeeignet wird. Diese
Freiheit verliert man so wenig durch einen äußeren Wandel
in gesetzlichen Formen, als man sie durch Misachtung der=
selben gewinnt. Da Paulus von Christus wußte und be=
zeugte, daß derselbe dem Gesetz unterthan und ein Diener
der Beschneidung gewesen sei, so konnte er auch nicht
meinen, daß die im Glauben an Christus begründete
Freiheit vom mosaischen und jedem ähnlichen Gesetz mit
jeder Beobachtung des Gesetzes unverträglich sei. So konnte
er auch selber jüdischer Sitte folgen, wenn er in jüdischen
Kreisen verkehrte. Er wählte für seine Besuche Jerusalems
gerne die Zeiten jüdischer Feste; er übernahm Gelübde
nach jüdischer Art; er besuchte den Tempel und ließ für
sich opfern. Er that unter Umständen aus freien Stücken
eben das, was er in anderen Fällen als eine Verleugnung
seines Evangeliums unerbittlich von sich wies. Solche
Freiheit, das Gesetz seiner Väter bald zu beobachten, bald
zu ignoriren, wurzelte bei ihm in der Erkenntnis, daß
keine cerimoniale Ordnung ein Bestandtheil der Religion,
eine Bedingung der Seligkeit sei, daß aber auch keine
überhaupt angemessene Ordnung des Gottesdienstes und
des Gemeinlebens ein Hindernis der Seligkeit sei, wenn
sie nur nicht in dem Wahne beobachtet werde, daß ihre
Beobachtung einen selbständigen Werth vor Gott habe.
In dieser Erkenntnis konnte Paulus die römischen Christen
aus Anlaß einer ganz anderen Streitfrage daran erinnern,

daß es in der Christenheit Solche gebe, die einen Tag vor dem anderen auszeichnen, aber auch Solche, welche alle Tage hochhalten, also gar keinen bestimmten Tag vor anderen Tagen heiligen. Das Eine gilt ihm als eine ebenso erlaubte Form christlichen Lebens wie das Andere, und nur darauf kommt es ihm an, daß ein Jeder in der Ueberzeugung handele, das für ihn Richtige zu thun, und daß die Gründe, welche den Einen bewegen, den Sabbath oder sonst einen Tag zu feiern, nicht der Art seien, daß auch jeder Andere sich denselben unterwerfen müßte, um ein Christ zu bleiben [11]. Bei dieser wahrhaft freisinnigen Stellung des großen Heidenapostels ist beides begreiflich, daß er ohne Rüge die jüdischen Christen den Sabbath feiern ließ, zumal wo sie als Gemeinden beisammensaßen und unter ihrem Volk wohnten, und daß unter seinen Augen in den heidenchristlichen Gemeinden eine vom mosaischen Gesetz unabhängige Sitte des gottesdienstlichen Lebens sich bildete.

Gerade in denjenigen kirchlichen Kreisen, welche unter dem beherrschenden Einfluß des Paulus standen, zeigen sich die ersten leisen, aber doch unzweideutigen Spuren der Sonntagsfeier. Als es sich darum handelte, in den Gemeinden Kleinasiens, Macedoniens und Griechenlands eine Collecte für die verarmte Gemeinde zu Jerusalem aufzubringen, gab Paulus der Gemeinde zu Korinth die Anweisung, welche schon vorher bei den galatischen Gemeinden sich bewährt hatte, es solle ein Jeder am ersten Wochentage je nach Vermögen einen Beitrag zurücklegen, damit nicht später, wenn der Apostel komme, um die Beisteuer abzuholen, die Zahlung einer schicklichen Summe unbequem empfunden werde [12]. Warum wird den korinthischen und schon vorher den galatischen Gemeinden gerade dieser Tag, der Tag nach dem jüdischen Sabbath, hierzu vorgeschlagen? Die Antwort liegt in der allgemeinen kirchlichen Sitte der nachfolgenden Jahrhunderte, an diesem Tag als dem Tage des Gemeindegottesdienstes seine milden Gaben für die Armen auf den Tisch der Gemeinde zu legen. Als Paulus bald darnach auf seiner letzten Reise nach Jerusalem etliche Tage in Troas sich aufhielt, versammelte sich die dortige Gemeinde am Abend des ersten Wochentages zur Feier des Abendmahls, und bis in die Nacht hinein predigte Paulus [13]). Als nach dem Tode des Paulus der Apostel Johannes nach Kleinasien übersiedelte und von Ephesus aus die durch Paulus gegründete Kirche jenes Landes in seine Obhut nahm, fand er dort die Sitte der Feier des ersten Wochentages bereits vor; und er hat sie gebilligt. In seinem Buch der Offenbarung begegnet uns der christliche Sonntag zum ersten Mal unter dem Namen, den er fortan in der alten Kirche geführt hat, als „der Tag des Herrn" [14]). Rasch muß sich die Sitte der Feier dieses Tages über die ganze heidenchristliche Kirche verbreitet haben; denn die Kirchenschriftsteller vom Anfang des zweiten Jahrhunderts an sprechen davon stets als von einer allgemein christlichen Sitte; und auch den Heiden wurde sie bald als eine unveräußerliche Eigenthümlichkeit der christlichen Genossenschaft bekannt. Als Plinius, der Freund des Kaisers Trajan, um das Jahr 112 zahlreiche Christen der Provinz Bithynien, deren Präsident er war, zu verhören hatte, darunter auch Solche, welche bis vor Kurzem Christen gewesen waren, jetzt aber ihr Christenthum ableugneten, gaben diese Letzteren als das Wesentliche ihres angeblichen Staatsverbrechens das an, daß sie die Gewohnheit

gehabt hätten, an einem festgesetzten Tage vor Tages=
anbruch sich zu versammeln, Christo als ihrem Gott ein
Loblied mit einander zu singen und sich durch eidliches
Gelübde zu einem tugendhaften Leben zu verpflichten,
sodann am Abend wieder zusammen zu kommen und ein
einfaches und unschuldiges Mahl zu halten. Als um 150
Justin der Märtyrer dem Kaiser Antonius Pius in einer
ausführlichen Bittschrift die Unschuld der Christen dar=
zuthun suchte und zu dem Ende unter anderem auch die
wesentlichen Gebräuche der Kirche schilderte, schloß er an
die Beschreibung der Taufe und des Abendmahls die der
Sonntagsfeier an. „An dem sogenannten Tag der Sonne,"
sagt Justin, „findet eine allgemeine Versammlung aller in
den Städten und auf dem Lande wohnenden (Christen)
statt, und es werden die Denkwürdigkeiten der Apostel
oder die Schriften der Propheten vorgelesen, soweit die
Zeit es gestattet. Hat dann der Vorleser aufgehört, so
hält der Vorsteher (der Gemeinde) eine Ansprache, worin
er zur Nachahmung dieser edlen (Wahrheiten und Vor=
bilder) ermahnt und anfeuert. Darauf erheben wir uns
allesammt und verrichten unser Gebet. Und nach Be=
endigung des Gebetes wird Brod und Wein und Wasser
gebracht; und der Vorsteher sendet sowohl Bitten als
Danksagungen empor, so gut er's vermag, und die Ge=
meinde spricht bestätigend ihr Amen; und es findet die
Austheilung der gesegneten (Elemente) an die Einzelnen
statt, und den Abwesenden wird's durch die Diakonen ge=
schickt. Die Wohlhabenden aber und dazu Geeigneten
geben, ein Jeder nach seinem Ermessen, was er will, und
das also Gesammelte wird beim Vorsteher niedergelegt,
und der versorgt davon Waisen und Witwen und die,

welche um Krankheit oder anderer Ursache willen Noth leiden, und die Gefangenen und die Reisenden aus der Fremde: mit einem Wort, er wird ein Fürsorger aller Bedürftigen."

So feierten die Christen vor 1700 Jahren den Sonntag. Unter sich nannten sie ihn nicht Sonntag, sondern regelmäßig, wie schon bemerkt, den Herrentag, d. h. den Tag Christi, oder noch einfacher, wie z. B. die syrischen Christen, den ersten Tag in der Woche, oder auch den achten Tag, weil er auf den Sabbath, den siebenten Tag der jüdischen Woche, folgte [15]). Aber im Verkehr mit den Heiden nannte man ihn, um mit ihnen in ihrer Sprache zu reden, zuweilen den Tag der Sonne [16]). Die siebentägige Woche, welche die alten Griechen und Römer sowenig als die älteren Egypter gekannt haben, war damals schon weit verbreitet im ganzen Umfang des römischen Kaiserreichs und zwar mit den Namen der sieben Wochentage, welche noch heute zum Theil in sonderbarer Uebertragung bei den Völkern Europa's üblich sind. Es sind die Namen der sieben Planeten, welche die Alten zählten, nämlich außer Sonne und Mond noch die Sterne Mars, Mercur, Jupiter, Venus und Saturn. Diese Namen der Wochentage, wenn nicht die siebentägige Woche selber, stammen aller Wahrscheinlichkeit nach aus Babylon, von wo sie sich nach Indien und China, wie zu den Bevölkerungen des römischen Reichs verbreiteten. Die sogenannten Chaldäer und Mathematiker, d. h. die Astrologen und Horoskopsteller, welche trotz vielfacher Austreibung in den Abendländern sich eingenistet hatten, hatten hauptsächlich dazu beigetragen, die Namen der sieben Wochentage allgemein bekannt und Vielen bedeutsam zu machen. Wie nun der Tag, welchen die Astrologen den Tag des Saturn nannten, mit dem jüdischen Sabbath zusammentraf, so der darauf folgende Feiertag der Christen mit dem Tag der Sonne. So konnte es kommen, daß die unwissende Menge im zweiten Jahrhundert die Christen manchmal wegen ihrer Feier dieses Tages für Anbeter der Sonne hielt. In Wirklichkeit war die Sonntagsfeier der Christen noch viel unabhängiger von heidnischem Aberglauben als vom jüdischen Gesetz. Daß der christliche Sonntag wie so manche andere Schöpfung christlicher Sitte in einer gewissen Anlehnung an die jüdische Sitte entstanden ist, und daß seine Feier einige Berührungspunkte mit der jüdischen Sabbathfeier hatte, ist nicht zu leugnen. Nicht die Woche der heidnischen Astrologen, als deren Anfang gewöhnlich der Saturnstag, der jüdische Sabbath und unser Sonnabend, betrachtet wurde [17]), sondern die jüdische Woche, welche mit dem Sonntag beginnt und mit dem Sonnabend schließt, hat der Kirche den Rahmen für ihr gottesdienstliches Leben hergegeben. Nach jüdischer Weise bezeichnete man die Tage der Woche vom Sonntag an mit bloßen Zahlen ohne Namen als den zweiten, dritten, vierten, fünften Tag. Nur den Freitag nannte man gewöhnlich, auch hierin jüdischer Sitte folgend, Rüsttag (Paraskeue) und den Sonnabend Sabbath. Wie der Jude am Sabbath in der Synagoge Gebet, Schriftvorlesung und geistliche Ansprache fand, so der Christ am Sonntag in seiner Gemeindeversammlung. Aber diese Aehnlichkeiten wurden viel weniger empfunden, als die Verschiedenheiten. Es wird der Sonntag der Christen gelegentlich einmal mit dem Sabbath der Juden verglichen, aber nur um zu zeigen, wie es schon im alten Testamente nicht an Spuren davon fehle, daß Gott den Sonntag mehr als den Sabbath geehrt habe.[18]) Es wird die Sonntagsfeier auch der Sabbathfeier gegenübergestellt, um vor aller Versuchung zu jüdischem Wesen zu warnen und einen Lebenswandel zu fordern, welcher in seinem ganzen Umfange den Charakter des christlichen Sonntags und des neuen durch Christus begründeten Lebens an sich trage[19]). Den Sonntag für die Fortsetzung des jüdischen Sabbaths zu halten oder gar ihn Sabbath zu nennen, ist keinem Christen der ersten fünf Jahrhunderte in den Sinn gekommen. Einen Schutz dagegen bildete schon die Beibehaltung des Sabbathnamens für den Sonnabend neben dem neuen Namen für den neuen Feiertag der Christen. Die ältesten Jahresfeste der Christen, Ostern und Pfingsten, hatten die Namen derjenigen jüdischen Feste behalten, an welchen durch die Thatsachen der neutestamentlichen Geschichte der Grund zu den neuen Festen der Christen gelegt war; sie hießen bei den Christen Passa (Ostern) und Pentekoste (Pfingsten), wie jene bei den Juden. Der Sonntag dagegen war als eine neue Schöpfung der christlichen Sitte schon dadurch charakterisirt, daß er nach dem Herrn genannt wurde, welchen die Juden an ihren Sabbathen sammt seinem Anhang zu verfluchen pflegten.

Fragt man nun die Christen der ersten Jahrhunderte, die ältesten redenden Zeugen der Idee des Sonntags, nach dem besonderen Grunde ihrer Auszeichnung gerade dieses Tages, so antworten sie einstimmig: Wir feiern diesen Tag, weil Christus an diesem Tage von den Todten auferstanden ist[20]). Der Sonntag war ein wöchentlich wiederkehrendes Osterfest. Daher wurde er durchaus als ein Tag der Freude aufgefaßt. Während die Christen an anderen Tagen ihr Gebet knieend zu verrichten pflegten, wurde am Sonntag nur stehend gebetet [21]). Der Herr, nach welchem man den Tag nannte, hatte durch seine an diesem Tage geschehene Auferstehung allen seinen Erlösten das Recht und den Muth gegeben, vor ihrem Gott aufrecht zu stehen und die mit Christus begrabene Sünde zu vergessen, deren Gedächtnis sie an den anderen Tagen auf die Kniee warf. Als im Laufe des zweiten Jahrhunderts die Sitte aufkam, neben dem Sonntag den Freitag als Todestag Jesu und den Mittwoch als den Tag, da der hohe Rath seine Verhaftung beschlossen hatte, gottesdienstlich zu feiern [22]), trat diese Eigenthümlichkeit des Sonntags noch schärfer hervor. Jenes waren Fasttage und Bußtage; um so bestimmter prägte sich der Charakter des Sonntags als eines frohen Feiertages aus. Nur an diesem Tage gipfelte der Gottesdienst in der Feier des Abendmahls; das „Mahl des Herrn" gehört zum „Tag des Herrn" [23]). An demselben zu fasten, galt als unschicklich und bald als Sünde [24]); und auch abgesehen vom Gottesdienste wurde dieser Tag als ein Tag heiterer Freude gefeiert. Wiederholt betont dies am Ausgang des zweiten Jahrhunderts der rigoristisch gesinnte Tertullian. In einem Zusammenhang, wo er gegen die Betheiligung der Christen an heidnischen Festlichkeiten eifert, sagt er nicht ohne Ironie, aber gewiß aus dem Leben heraus: „Mußt Du durchaus dem Fleisch etwas zu gute thun, so hast du deine eigenen Festtage, und du hast deren mehr als die Heiden; denn die Heiden feiern alle ihre Feste nur einmal im Jahre, du feierst an jedem achten Tage" [25]). Daß man an einem solchen Feiertage die Alltagsgeschäfte nach Möglichkeit ruhen ließ, ergab sich von selbst. Aber es ist bezeichnend für den ursprünglichen Geist christlicher Sonntagsfeier, daß in der altkirchlichen Literatur davon so gut wie gar nicht die Rede ist. Es wird wohl gerügt, wenn Jemand sein Fernbleiben vom sonntäglichen Gottesdienste mit dem Drang seiner Geschäfte entschuldigt; aber nicht die Sonntagsarbeit, sondern diejenige Ueberschätzung des irdischen Gewerbes, welche die Gleichgültigkeit gegen Gottes Wort und Gemeindegottesdienst zur Folge hat, wird als schwer entschuldbare Sünde bezeichnet [26]). Auch noch im vierten Jahrhundert wird, wenn einmal vor Feier des Sabbaths durch Enthaltung von der Arbeit gewarnt wird, die gleiche Art der Feier nicht ohne weiteres für den Sonntag gefordert. Es heißt nur, man solle den Sonntag, so weit es angehe, durch Arbeitsruhe auszeichnen, um es sichtbar zu bezeugen, daß man ein Christ und kein Jude sei [27]). In den Schriften, welche mit Sicherheit den ersten drei Jahrhunderten der Kirche zugewiesen werden können, weiß ich nur eine einzige Stelle zu finden, wo der Arbeitsruhe am Sonntag ganz beiläufig gedacht wird. Es ist der vorhin erwähnte Tertullian, welcher einmal bemerkt: „Wir müssen uns, wie wir es überliefert bekommen haben, nur am Tage der Auferstehung des Herrn der Kniebeugung und jeglichen Aussehens und Thuns der Aengstlichkeit enthalten, indem wir auch die Geschäfte vertagen, um nicht dem Teufel Raum zu geben" [28]). Er meint, die Alltagsgeschäfte könnten Anlaß zu Anfechtungen und Sünden geben, wodurch dieser Tag am wenigsten befleckt werden soll; und sie möchten die Seele um die Sammlung bringen, welche der Gottesdienst erheischt. Nichts Anderes als der Gottesdienst der Gemeinde ist ursprünglich der Zweck der Sonntagsfeier gewesen. Wie

Christenthum und Kirche in ihrem ganzen Bestande auf der Auferstehung Christi oder auf dem Glauben an dieselbe beruhen, so fußt die Gemeinde auch mit ihrem Gottesdienst vor allem auf dieser Thatsache; und mit richtigem Tact ward nicht der Tag, an welchem Christus, von den Seinigen verlassen und beklagt, am Kreuze starb, sondern der Tag, an welchem er im Kreise der Seinigen als der Lebendige erschienen und zum angebeteten Herrn seiner Gemeinde geworden ist, der regelmäßigen und gemeinsamen Feier der durch ihn vollbrachten Erlösung gewidmet. Alles, was als Sitte dieses Tages in alter Zeit sich ausgeprägt hat, ist einerseits Mittel zum Zweck einer dem Grunde des christlichen Gottesdienstes möglichst angemessenen Feier, und andererseits sinniger Ausdruck des Glaubens, in welchem man diesen Tag feierte.

Sie erkennen leicht, hochv. Anw., daß dieser ursprüngliche Sinn der Sonntagsfeier stark abweicht von derjenigen Auffassung, welche bei den eifrigen Freunden der Sonntagsfeier heute die vorherrschende ist. Es war nicht meine Absicht, eine Lehre vom Sonntag vorzutragen, und irrige Darstellungen derselben zu bestreiten. Aber die Geschichte selbst ist eine Lehrmeisterin, und mit der Wahrheit spricht sie zugleich die Verneinung des Irrthums aus. Man kann über Ursprung und Geschichte des Sonntags heute das Richtige nicht vortragen, ohne mit einer gewissen Vorstellung vom Sonntag an einander zu gerathen, welche nothgedrungen zu einer erdichteten Geschichte des Sonntags geführt hat. Da der Katechismusunterricht die Christenpflicht der Sonntagsheiligung im Anschluß an das dritte Gebot entwickelt, so hat sich die Meinung gebildet, der Sonntag sei nichts wesentlich Anderes, als der ins Christliche und Allgemeinmenschliche übersetzte Sabbath der Juden. Die Kirche der apostolischen Zeit oder das Apostelcollegium selber habe beschlossen, die Feier des heiligen Tages vom siebenten Tage der jüdischen Woche auf den ersten Tag derselben zu verlegen. Im Uebrigen sei eine Aenderung des Feiertags nur insofern eingetreten, als man nach dem Vorgang Christi die starre Satzung des mosaischen Gesetzes ein wenig gemildert, die pharisäischen Uebertreibungen abgestellt und die vorwiegend negativen Bestimmungen des Sabbathgebots durch positive Forderungen ersetzt habe. Allerdings habe man von den sieben Wochentagen den ersten deshalb gewählt, weil Christus an demselben auferstanden sei. Man habe damit die Unabhängigkeit der Kirche vom Judenthum bezeugt und die Freiheit vom Buchstaben der alttestamentlichen Satzung bethätigt. Aber an den Geist und eigentlichen Gehalt desselben, nämlich an die Forderung eines Ruhetages nach je sechs Arbeitstagen habe man sich gebunden erachtet, und das mit Recht, denn der Sabbath sei eine mit der Schöpfung gleichzeitige Stiftung, eine Gottesordnung, welche nicht dem Volke Israel, sondern der Menschheit gelte.

Sehr verbreitet ist diese Vorstellung gewiß; mehr oder weniger sinnig und tiefsinnig hat man sie zu begründen gesucht; aber sie steht in unversöhnlichem Widerspruch mit der Geschichte des Sonntags, um nicht zu sagen, daß sie ein Knäuel misverstandener Wahrheiten und gefährlicher Irrthümer sei[29]). Darüber zunächst sollte kein Streit möglich sein, daß die Einführung eines Sonntags, welcher nur ein auf einen anderen Wochentag verlegter Sabbath gewesen wäre, vom Verdammungsurtheil des Paulus nicht weniger, sondern nur noch viel härter wäre betroffen worden, als der ehrliche jüdische Sabbath. Sein Protest gegen die Einführung des Sabbaths und der übrigen jüdischen Feiertage in die heidenchristlichen Gemeinden in den Briefen an die Galater und an die Kolosser gilt ja diesen Dingen nicht darum allein, weil sie Bestandtheile des mosaischen Gesetzes sind, sondern im letzten Grunde darum, weil sie den Christen, welcher der Welt und ihren Elementen abgestorben ist und in einer von aller Naturordnung unabhängigen Gemeinschaft mit Gott steht, in eine Abhängigkeit von der Schöpfung und ihrer zeitlichen Ordnung bringen würde, welche jenen Stand der Freiheit aufhebt. Wenn er im Galaterbrief seinen Zorn über die Verführung zur Unterwerfung unter das mosaische Gesetz hell auflodern läßt, so behandelt er im Kolosserbrief jenes philosophirende Judenchristenthum, welches später noch manchmal in die Kirche einzudringen versucht hat, mit sichtlicher Geringschätzung. Darnach mag man bemessen, wie Paulus über den Versuch geurtheilt haben würde, den Sabbath als einen Bestandtheil der Uroffenbarung zu einer Gewissenssache für die ganze Menschheit zu machen und zugleich statt des siebenten Wochentages, den Gott gesegnet und geheiligt und eine Geschichte von Jahrtausenden in seiner Würde bestätigt hatte, einen anderen Tag in dessen Rechte einzusetzen. Bei seiner Ehrfurcht vor dem geoffenbarten Gesetze hätte ihm dies nur als frevelhafte Willkür erscheinen können, als ein gesetzliches Wesen ohne Treue gegen das Gesetz. Nur Einem hätten die Apostel das Recht zutrauen können, „die Sitten zu ändern, die Moses gegeben", dem Menschensohne, welcher sich einen Herrn auch des Sabbaths genannt hatte; aber von diesem wußten sie, daß er den Sabbath der Juden weder gebrochen, noch aufgehoben, sondern wahrhaft geheiligt hatte; und sie wußten auch, daß er jeden seiner Jünger bedroht hatte, der es wagen sollte, auch nur ein kleinstes der Gebote Mosis aufzulösen.

Aber das hat auch in apostolischer Zeit Niemand am Sabbathgebot zu thun gewagt. Auf dem Boden der jüdischen Christenheit gewiß Niemand; denn diese fuhr ja fort, den wirklichen Sabbath zu feiern; und wenn dort schon in apostolischer Zeit der Sonntag gefeiert sein sollte, was wie gezeigt sehr unwahrscheinlich ist, so konnte doch Niemand daran denken, neben der buchstäblichen Erfüllung des Sabbathgebots durch die Feier des Sabbaths auch noch durch eine sabbathähnliche Feier eines andern Tages dasselbe Gebot zu erfüllen. Aber auch im Bereich der Heidenchristenheit konnte Niemand auf solchen Gedanken kommen, soweit der Einfluß des Paulus sich erstreckte; denn es war nicht die Art dieses Mannes, eben das, was er mit aller Kraft und siegreich bekämpft hatte, unter einem anderen Namen wie durch eine Hinterthür wieder in seine Gemeinden eindringen zu lassen. Wenn unter seinen Augen und unter der Herrschaft seiner Grundsätze die Feier des Auferstehungstages Christi aufgekommen ist, so ist auch gewiß, daß sie nicht als eine Fortsetzung der jüdischen Sabbathfeier oder als ein Ersatz derselben gemeint war, sondern als ein von jedem Einzelgebot unabhängiges Erzeugnis des christlichen Glaubens und des kirchlichen Bedürfnisses.

Die alte Kirche hat in mancher Beziehung den Apostel Paulus nicht verstanden, aber in diesem Punkte hat sie ihn verstanden, denn allzu deutlich hatte er geredet. Bald genug hat auch die heidenchristliche Kirche gesetzliche Bahnen eingeschlagen; aber im Verhältnis zum alttestamentlichen Gesetz ist ihre Sonntagsfeier während manches Jahrhunderts eine evangelische geblieben. Die Kirche der ersten Jahrhunderte hatte Anlaß genug, den Charakter des alten Testaments als einer wahrhaftigen Offenbarung zu betonen; denn es fehlte nicht an Solchen, welche im Namen eines geläuterten Christenthums dies bestritten. Aber dieselbe Kirche sah sich auch veranlaßt, die Unabhängigkeit der christlichen und kirchlichen Sitte vom mosaischen Gesetz nachdrücklich zu behaupten und zu rechtfertigen; denn Juden und jüdische Christen hielten es ihr als einen Selbstwiderspruch vor, daß sie sich zum alten Testament als göttlicher Offenbarung bekenne und trotzdem das mosaische Gesetz nicht beobachte. Dem gegenüber behaupteten die Vertreter der katholischen Kirche, daß nur jene kurze Summe, worein Jesus mit Worten des Gesetzes selbst den Gesammtinhalt des Gesetzes zusammengefaßt hatte, nämlich die Liebe zu Gott und zum Nächsten, für alle Menschen verbindliche Pflicht sei [30]. Diesen ewig gültigen Inhalt des geoffenbarten Gesetzes oder, wie man sich manchmal ausdrückte, dies natürliche Gesetz [31] unterschied man von den durch die geschichtliche Stellung Israels bedingten Geboten als Geboten der Knechtschaft. Die letzteren haben die Herzenshärtigkeit jenes Volks zur Voraussetzung und haben für die Christen nur die Bedeutung von schattenhaften Vorausdarstellungen und symbolischen Zeichen neutestamentlicher Gnaden und Heilsgüter. Wenn man gelegentlich die zehn Gebote als kurze Zusammenfassung jener gemeingültigen Forderungen Gottes auszeichnete, so war die Meinung keineswegs die, daß diese Gebote so wie sie lauten für die Christen gültig seien [32]. Auch am Dekalog wie am übrigen Gesetz wird das Israelitische und Vergängliche vom Menschlichen und Ewigen unterschieden. Auch der Dekalog bedarf einer Uebersetzung in die Weltsprache des Christenthums, damit er ein wahrer Ausdruck des einen Gebots der Gottes= und Nächstenliebe sei. Das Sabbathgebot insbesondere erklärten die Christen der ersten Jahrhunderte grundsätzlich für eine dem nächsten Wortsinne nach nicht mehr verbindliche Satzung, obwohl sie unbedenklich anerkannten, daß Jesus das Sabbathgebot nach Buchstaben und Geist erfüllt habe [33]). Den Juden gegenüber stellten sie es einstimmig und rücksichtslos mit dem Gebot der Beschneidung und den übrigen Cerimonialgesetzen der Juden auf gleiche Linie. Daß diese Gebote nicht bleibende göttliche Ordnungen für die Menschheit seien, bewiesen sie daraus, daß die Frommen der Urzeit ohne Sabbathfeier, Beschneidung und sonstigen Cerimoniendienst Gottes Wohlgefallen gehabt haben [34]). Allerdings fanden sie auch im Sabbathgebot wie in allen anderen Satzungen des mosaischen Gesetzes eine göttliche Idee ausgesprochen, welche bleibt, wenn die zeitliche und volksthümliche Form dahinfällt. Was für die Juden eine Satzung für die äußere Gestaltung des Lebens war, das bleibt für alle Zeiten ein der Deutung bedürftiges Zeichen des göttlichen Willens. Es bezeugt eine Forderung Gottes, welche alle Menschen angeht, und eine Verheißung für die, welche Gottes Willen thun. Gott fordert, daß der Mensch ruhe von aller sclavischen und gewinnsüchtigen Arbeit und zumal von allem Sclavendienst der Sünde. Er will auch, daß der Mensch ihm seine Kraft und Zeit weihe. Aber das fordert er nicht für diesen oder jenen Tag, sondern unterschiedslos für alle Tage des irdischen Lebens [35]).

3*

Aber die Reinheit der Herzen und der Hände, welche diese beständige Sabbathfeier fordert und voraussetzt, wird dies= seits von Keinem erreicht. Sie wird auch dem Christen erst im Jenseits zu Theil, in dem großen und ewigen Sabbath Gottes, da alle Frommen ruhen von ihren guten Werken, aber auch frei sind von aller Sünde 36). Also nicht in der Feier irgend welcher wöchentlich, monatlich oder jährlich wiederkehrender Tage, sondern in der Enthaltung von aller Sünde und im unabläſſigen Wirken des Guten, im Frieden des guten Gewiſſens 37) und in der Hoffnung auf den ewigen Sabbath, welcher des Volkes Gottes wartet, glaubte die alte Christenheit das dritte Gebot zu erfüllen. Ihrer Sonntagsfeier gab sie gar keine Beziehung zu diesem Gebote.

Den eigenthümlich christlichen Charakter des Sonn= tags und seinen Unterschied vom Sabbath im Bewußtsein der Kirche zu erhalten, diente auch das, daß es Jahr= hunderte lang jüdische Christengemeinden gab, welche in diesem wie in anderen Punkten am Gesetz ihrer Väter fest= hielten. 38) Ein Theil derselben begnügte sich damit, in stiller Abgeschiedenheit um die verlorene Herrlichkeit ihrer Nation zu trauern. Aber es gab auch regsamere Elemente unter den jüdischen Christen, welche immer wieder auf eine Eroberung der Kirche für ihr jüdisch gefärbtes Christen= thum oder christlich gefärbtes Judenthum ausgingen. Auf literarischem Wege wie durch mündlichen Vortrag suchten sie ihren Ideen in der katholischen Kirche Eingang zu ver= schaffen. Zu dem Ende mußten sie sich den Sitten der= selben in manchen Stücken anbequemen, welche ihnen ur= sprünglich fremd waren. So nahmen sie die Feier des Sonntags an; aber daneben feierten sie nach wie vor den

Sabbath), zum deutlichen Beweise, daß der christliche Sonntag damals etwas ganz anderes als ein Sabbath der Christen war. Aber wie es diesen Judenchristen überhaupt nicht gelungen ist, einen nennenswerthen Theil der heidenchristlichen Kirche zu unterjochen, so ist auch ihre Verbindung der Sabbathfeier mit der Sonntagsfeier nicht durchgedrungen. Erst vom vierten Jahrhundert an, nachdem die Angriffe des jüdischen Christenthums erloschen waren, kam in der griechisch redenden Kirche aus Gründen, welche der Aufklärung noch sehr bedürftig sind, die Sitte auf und verbreitete sich schnell, den Sabbath zu einem Tage regelmäßigen Gottesdienstes zu machen und ihn in wesentlichen Beziehungen mit dem Sonntag auf gleiche Linie zu stellen [39]). Brüder nannte die beiden Tage ein Prediger am Ausgange des vierten Jahrhunderts, Mütter und Ammen der Kirche ein Anderer [40]). Wie wäre das möglich gewesen in einer Kirche, welche den Sonntag für den Sohn und Erben des Sabbaths gehalten hätte? Uebrigens war auch diese christliche Feier des Sabbaths neben dem Sonntage nicht als Erfüllung des dritten Gebotes gemeint. Man verwahrte sich ernstlich dagegen, daß man damit das jüdische Gesetz befolge; man verbot gelegentlich ausdrücklich die Arbeitsruhe am Sabbath und spottete nicht eben fein über die durch das alte Testament selber vorgeschriebene Art der jüdischen Sabbathfeier. Den Sonntag brauchte man nicht gegen den Schein jüdischer Gesetzlichkeit zu verwahren, weil Niemand daran dachte, irgend eine Bestimmung des mosaischen Gesetzes auf ihn anzuwenden. Er galt nach wie vor als ein Erzeugnis christlicher Sitte, und es wurde kein Unterschied gemacht zwischen dem Sonntag und den übrigen Feiertagen, welche das dankbare Gedächtnis der Erlösungsthaten und das Bedürfnis, ihm gemeinsamen gottesdienstlichen Ausdruck zu geben, nach und nach in der Kirche hervorgerufen hatte. Und nicht ein Gebot Gottes oder Christi, sondern die Rücksicht auf die Gemeinde, welche ohne regelmäßige Ordnung des Gottesdienstes nicht sein kann, und die Pflicht der Betheiligung am Leben der Gemeinde machte die Heilighaltung dieser Tage und Zeiten zu einer Gewissenssache der Einzelnen. Im dritten Jahrhundert war es noch keine Ketzerei, wenn ein Origenes [41]) urtheilte, der vollkommene Christ bedürfe nicht besonderer heiliger Tage; denn er lebe allezeit in den Worten und Werken und Gedanken des Logos, seines natürlichen Herrn, und lebe stets an Tagen des Herrn, feiere somit beständig Sonntag; und so feiere er beständig Freitag oder Bußtag, so auch ohne Aufhören Ostern und Pfingsten. Nur die Menge der Christen, welche, sei es aus Abneigung, sei es aus Unvermögen, hinter dem Ideal einer Heiligung aller Tage des Lebens zurückbleibe, bedürfe jener sinnlichen Darstellungen dieser Pflicht, um nicht völlig zu Grunde zu gehen. Es ist nicht zu leugnen, daß damals auch schon eine sehr andere Weise der Betrachtung in Bezug auf kirchliche und gottesdienstliche Ordnungen sich ausgebildet hatte und in starker Verbreitung begriffen war. Man stritt im zweiten Jahrhundert um den rechten Zeitpunkt der Osterfeier von beiden Seiten, als ob es eine Frage des Glaubens und der Seligkeit gelte. Eine spanische Synode vom Jahre 306 verhängte die Strafe zeitweiliger Excommunication über Jeden, welcher drei Sonntage hintereinander vom Gottesdienst fernbleibe [42]). Die griechischen Kirchenordnungen vom vierten Jahrhundert an sprechen die ärgsten Flüche über diejenigen aus, welche ihre oft gegenseitig sich widersprechenden Bestimmungen über Festfeier und Fasttage nicht befolgen. Aber es hat noch im vierten und fünften Jahrhundert wie im zweiten und dritten nicht an Männern gefehlt, welche vermöge besserer Einsicht in das Wesen des Christenthums und vermöge freieren Ueberblickes über die mannigfaltigen Bildungen kirchlicher Sitte gegen solche Verwechselung von Heilsordnung und Kirchenordnung protestirt haben. Was die Feier des Sonntags auch in den Zeiten äußerster Bedrängnis der Kirche aufrecht erhalten hat, war ebenso wenig die kirchliche Satzung, als die willkürliche Annahme eines göttlichen Gebots. Es war vielmehr die Freude am Gottesdienst der Gemeinde und die Erkenntnis des Segens, welcher dem Einzelnen darin zu Theil wird, und das Bewußtsein der Pflicht, die Gemeinschaft des Glaubens und der Anbetung um so eifriger zu pflegen, je gewaltsamer die heidnische Staatsgewalt ihre Vernichtung betrieb. Der sonntägliche Gottesdienst unterblieb nicht in den Zeiten, wo er nur heimlich und mit Lebensgefahr gefeiert werden konnte. Die Gemeinden ließen es sich mitunter große Geldsummen kosten, um bestechliche Beamte der Polizei und des Militärs zur Nachsicht zu bewegen. Die strengeren Christen verurtheilten auch dies als eine feine Art der Verleugnung und forderten eine Liebe zum Gemeindegottesdienst, welche den Tod nicht scheut [43]. Sie ist nicht ausgeblieben. Die Zerstörung christlicher Kirchen, die Verhaftung ganzer Gemeinden während des Gottesdienstes, zahlreiche Hinrichtungen in den letzten großen Verfolgungen haben den christlichen Gottesdienst und d. h. die christliche Sonntagsfeier nicht zu unterdrücken vermocht.

Eine neue Zeit für die Kirche, eine neue Periode auch der Geschichte des Sonntags tritt mit Constantin dem Großen ein. Kirche und christliche Sitte, welche bis dahin nur im Gegensatz zur Staatsgewalt sich behauptet hatten, wurden plötzlich von der Gunst, man muß sagen von der persönlichen Gunst des Kaisers bestrahlt. Es ist merkwürdig, wie früh Constantin gerade den christlichen Feiertag in seiner Bedeutung für die allgemeine Cultur und den Staat erkannt hat. Ein Christ war er noch nicht, weder äußerlich, noch innerlich; noch fehlten die letzten Proben von der Zauberkraft des Kreuzes und die letzten Erfolge, die ihn zum Alleinherrn des Reichs und zum Begründer des christlichen Staates machen sollten, als Constantin sein Sonntagsgesetz vom 7. März 321 gab. Er nahm darin nicht ausdrücklich Bezug auf die Kirche; er gab auch dem Tage nicht seinen christlichen Namen, sondern nannte ihn auf gut heidnisch „den ehrwürdigen Tag der Sonne". Es ist guter Grund zu der Annahme, daß in der Familie dieses Kaisers die Hinneigung zum Christenthum durch eine Anhänglichkeit an den damals weit verbreiteten Sonnencultus vorbereitet war. Ein monotheistischer Glaube oder Aberglaube hatte hier dem Bekenntnis zum Gott der Christen den Weg gebahnt; und ehe Constantin sich unwiderruflich dafür entschied, das Christenthum zur herrschenden Religion im Reich zu erheben, schwebte ihm der Gedanke einer monotheistischen Staatsreligion vor, welche das Christenthum in sich aufnehmen sollte. Als ein bezeichnender und wirksamer Ausdruck dieser Union erschien ihm die Einführung des Sonntags als allgemeinen Ruhetages. In diesem Sinne nämlich machte er den Sonntag zum Gesetz. Alle Richter und die städtischen Bevölkerungen, besonders die Gewerbtreibenden aller Art sollten an diesem Tag ihre Thätigkeit einstellen. Die Landbevölkerung soll ungestraft ihren Arbeiten in Feld und Weinberg nachgehn dürfen, weil diese Arbeiten allzu sehr von Jahreszeit und Witterung abhängig sind, um eine so regelmäßige Unterbrechung erleiden zu können. Drei Monate später gestattete der Kaiser Freilassung von Sclaven und Aufnahme gerichtlicher Acte darüber am Sonntag. Auch sorgte er dafür, daß die christlichen Soldaten am Sonntag im Besuch des Gottesdienstes ungehindert seien, und ordnete sogar für die heidnischen Soldaten eine Art sonntäglichen Gottesdienstes an, wobei sie auf ihren Exercierplätzen mit aufgehobenen Händen und aufwärts gerichtetem Blick ein vom Kaiser formulirtes Gebet sprechen mußten.

So gewaltsam und phantastisch wie Constantin verfuhren seine Nachfolger nicht. Zwar blieb der Sonntag im vierten und fünften Jahrhundert ein Gegenstand der kaiserlichen Gesetzgebung; aber diese schlug eine andere, im ganzen gesundere Richtung ein. Die Sonntagsgesetzgebung in dem Jahrhundert nach Constantin wurde christlicher einerseits und toleranter andrerseits, christlicher insofern, als man die Rücksicht auf Christenthum und Kirche offen hervortreten ließ, was sich auch darin zeigte, daß man dem Tage seinen christlichen Namen „Tag des Herrn" wiedergab[44]). Toleranter aber wurde diese Gesetzgebung wenigstens der Form nach, indem sie die nichtchristlichen Unterthanen nur indirect zur Sonntagsheiligung anhielt. Der vorherrschende Gesichtspunkt war: Schutz der christlichen Gemeinden und Individuen gegen Störung durch gerichtliche Verhandlungen, Geldgeschäfte und lärmende Volksbelustigungen. Die kaiserlichen Gesetze waren zum Theil durch Anträge kirchlicher Synoden veranlaßt, welche in dem Fortbestand von Theater- und Circusvorstellungen und anderen mehr oder weniger mit Götzendienst verbundenen Festlichkeiten an den Sonntagen und anderen christlichen Feiertagen eine Verführung der Christen zur Versäumung ihrer kirchlichen Pflichten, eine Bedrückung derjenigen Christen, welche durch ihr Gewerbe an jene Volksbelustigungen gebunden waren, und somit eine feine Art von Christenverfolgung erblickten [45]). In der That ging es bei solchen Maßregeln zum Schutz der christlichen Sonntagsfeier nicht ohne Beengung der Freiheit der Andersgläubigen ab; ja sie waren begleitet von gewaltsamer Unterdrückung der heidnischen Religionsübung. Aber es war doch nicht gleichgültig, daß die Gesetzgebung einigermaßen den Schein jener rohen Religionsmacherei vermied, welche die Ehre des ersten christlichen Kaisers befleckt.

Den Gesetzgebern der germanischen Staaten war es vorbehalten, die unbändigen noch halb im Heidenthum steckenden Völker durch harte Strafen zu einer Feier des Sonntags zu zwingen, deren Hauptstück die Unterlassung der Arbeit war. Ob die weltliche Obrigkeit selbst über der Beobachtung der Gesetze zu wachen sich erbot, oder ob einmal die Bischöfe damit betraut wurden; ob man hier das Reisen zu Wasser und zu Land gestattete, dort es auf's strengste verbot; ob die Strafen sich auf Geld und Gut beschränkten, oder bis zum Verlust der Freiheit bei Freigeborenen und bis zum Verlust der rechten Hand bei Sclaven sich steigerten: der Geist all dieser Gesetze ist der gleiche, nämlich der alttestamentliche. Dieser Gesetzgebung zur Seite geht eine neue theologische Lehre vom Sonntag oder liegt ihr von Anfang an zu Grunde. Es ist die auf dem Boden der alten Kirche unerhörte Lehre, daß die christliche Sonntagsfeier die von Gott durch Moses gebotene Sabbathfeier sei. Der Abfall von denjenigen Anschauungen, welche den Sonntag ins Leben gerufen hatten und von Paulus an bis über Augustin hinaus in der Kirche alleinherrschend gewesen waren, springt in die Augen. Aber wie es überhaupt schwer ist, die Geburts= stunde solcher Ideen nachzuweisen, welche keines schöpferischen Geistes zu ihrer Entdeckung oder Erfindung bedurften, sondern leicht der Meditation eines Predigers sich auf= drängten, oder beim Vortrag eines geistlichen Rath= gebers mit unterliefen, der seinem Fürsten einen Josias als Regentenspiegel vorhielt, so weiß ich Zeit und Ort nicht genau anzugeben, wo diese neue Theorie zuerst laut geworden ist. Schüchtern scheint sie sich Anfangs hervorgewagt zu haben; aber sie muß doch schon wirksam gewesen sein, wenn im Jahre 538 eine Synode zu Orleans es als **jüdischen** Aberglauben be= kämpft, daß man am Sonntag nicht reiten und fahren, oder Speisen bereiten, oder Haus und Körper säubern dürfe [46]. Es gab also in Frankreich Leute, welche die mosaischen Bestimmungen über die Sabbathheiligung auf die Sonntagsfeier anzuwenden anfingen; und es verging kaum ein halbes Jahrhundert, so stellten sich dortige Bischofsversammlungen auf den zu Orleans prinzipiell verworfenen Standpunkt. Es wurde wohl eingeräumt, daß der Herr nicht direct die körperliche Ruhe am Sonn= tag, sondern vielmehr den Gehorsam fordere, womit man die irdischen Dinge unter die Füße trete, aber man urtheilte doch, daß der Sonntag in Gesetz und Propheten durch das Schattenbild des siebenten Tages, des Sabbaths, den

Christen ans Herz gelegt sei⁴⁷). Fortan wurde es Regel, die Unterlassung aller „knechtischen Arbeit" in Synodal=beschlüssen und Staatsgesetzen als das Charakteristische der Sonntagsfeier zu betonen und sich dafür auf das mosaische Sabbathgesetz als ein den Christen gültiges Gebot zu be= rufen. Man leugnete nicht, daß die Apostel und aposto= lischen Männer die Sonntagsfeier zum Gedächtnis der Auf= erstehung Christi eingeführt haben; zugleich aber behauptete man, daß die heiligen Lehrer der Kirche alle Herrlichkeit des jüdischen Sabbaths auf den Sonntag übertragen und dadurch das einigermaßen temperirte Sabbathgesetz zur Grundlage der christlichen Sonntagsfeier gemacht hätten⁴⁸). Daneben erzählte man dem Volk schauerliche Geschichten von göttlicher Bestrafung der Sonntagsarbeit⁴⁹). Die Absicht einer möglichst kräftigen Wirkung auf's Volk und auf die Fürsten hat die neue Lehre vom Sonntag erzeugt. Auf diese machte man tieferen Eindruck, wenn man sich auf ein ausdrückliches Gottesgebot berufen konnte; und der Kirche diente es zur Verherrlichung, wenn man mit der Versicherung Glauben fand, daß die Kirche aus eigener Machtvollkommenheit den Buchstaben des alten Gesetzes Gottes durch ein neues nicht minder göttliches Gesetz ver= drängt habe, aus derselben Machtvollkommenheit, kraft deren sie auch andere Feste von noch größerer Heiligkeit ge= stiftet und zu einer Gewissenssache der Christenheit gemacht hatte. Das ist im wesentlichen die katholische Lehre vom Sonntag, wie die Reformatoren sie vorfanden, und wie sie nach der Reformation im römischen Katechismus mit Sorgfalt und milder Besonnenheit dargelegt worden ist.

Die Reformatoren brachen gründlich mit dieser Lehre. Es ist bewundernswerth, wie Luther, der die Bedeutung der zehn Gebote für die Unterweisung der Jugend und des ganzen Volks wie Keiner vor ihm geltend gemacht hat, trotzdem in dieser Frage ohne Zaudern und Schwanken den evangelischen Standpunkt wiedergewonnen und die altchristliche Anschauung vom Sonntag wiederhergestellt hat. In dem großen Katechismus, welcher deutlicher und ausführlicher ausspricht, was sein kleiner Katechismus meint, lehrt er unumwunden, daß das dritte Gebot als Anordnung der Feier des siebenten Tages „allein den Juden gestellet" sei und ebenso wie alle anderen an bestimmte Zeit oder Stätte gebundenen cerimonialen Ordnungen des alten Testaments den Christen nichts angehe und auch durch keine ähnlichen Ordnungen ersetzt worden sei. Die Entwicklung eines für die Christenheit brauchbaren Sinnes des Gebots hat Luther dadurch geschickt eingeleitet, daß er im Anschluß an die Wortbedeutung des Namens „Sabbath" den allgemeinen Begriff „Feiertag" an seine Stelle setzt, worunter mit dem Sonntag zugleich alle anderen gottes=dienstlichen Tage befaßt werden konnten. Er ermahnt zur Heiligung dieser Tage und besonders des Sonntags, welcher schon einem Bedürfnis der Natur, vor allem aber dem Bedürfnis des gemeinsamen Gottesdienstes entgegenkomme, und welcher als der von den Anfängen der Kirche an aus=gezeichnete Tag vor jeder willkürlichen Neuerung den Vor=zug verdiene. Dabei protestirt Luther ausdrücklich gegen die Meinung, als ob es, abgesehen von diesen Gründen der Humanität, der kirchlichen Zweckmäßigkeit und der Pietät, eine religiöse Pflicht der Feier gerade dieses oder überhaupt irgend eines regelmäßig wiederkehrenden Tages gebe. Was Gott im dritten Gebot den Menschen gebietet, ist nichts Anderes, als die Liebe zu seinem Wort, welche immer wieder das Verlangen erzeugen wird, es im Gottesdienst der Gemeinde verkündigen zu hören; und was er als Uebertretung dieses Gebotes strafen will, ist nichts Anderes als die Verachtung seines Worts und eine daraus hervorgehende Gleichgültigkeit gegen Gottesdienst und Predigt. Dies war aber nicht Luthers Privatmeinung, sondern die mit dem reformatorischen Verständnis des Evangeliums gegebene und nur mit diesem zugleich zu beseitigende Anschauung. In der augsburgischen Confession und in der Apologie derselben wird der Sonntag ohne Unterscheidung von den übrigen kirchlichen Feiertagen durchweg zu den kirchlichen Ordnungen gezählt, welche man halten **darf** und evangelischer Seits fernerhin halten will, sofern sie dem Frieden und guter Ordnung der Kirche dienen, welche man aber gegebenen Falls auch ohne Sünde brechen kann, wenn es ohne Aergernis der Anderen geschehen kann. Für einen großen Irrthum dagegen wird die mittelalterliche Erfindung erklärt, daß die Feier des Sonntags durch die Auctorität der Kirche an Stelle des Sabbaths als eine nöthige Sache eingeführt sei, und nichts Anderes als ein Fallstrick des Gewissens sollen die Lehren sein, welche bestimmen wollen, in wiefern man am Sonntag arbeiten dürfe u. s. w. Vergeblich bemüht man sich das Gewicht dieses Urtheils abzuschwächen, indem man erinnert, daß der scharfe Gegensatz gegen den römischen Cerimoniendienst auch übertriebene Aeußerungen entschuldige. Aber es lag für die evangelischen Lehrer und Bekenner gar kein praktischer Anlaß vor, gegen eine allzu gesetzliche Feier gerade des Sonntags oder gegen den Irrthum der Verdienstlichkeit gerade dieser Uebung aufzutreten. Es war nur ein lehrreiches Beispiel, an welchem der Unterschied des evangelischen und des gesetzlichen Christenthums besonders deutlich zu Tage trat; und je weniger die Sonntagsfrage praktisch verschieden beantwortet werden sollte, um so freier von der Erregung des Streits und ein um so klarerer Ausdruck der grundlegenden Ueberzeugungen war die Lehre des Bekenntnisses in diesem Punkte. Wenn man vollends die Sache so hat wenden wollen, als ob Melanchthon hier nur nicht die Auctorität der Kirche oder menschliche Willkür als Urheberin der Verwandlung des Sabbaths in den Sonntag wolle gelten lassen, so verträgt sich das nicht mehr mit redlicher Auslegung seiner sehr deutlichen Darlegung. Denn daß die Sonntagsfeier auf der Auctorität der Kirche beruhe und eine zu Nutz und Frommen der Gemeinde getroffene menschliche Einrichtung sei, das gerade ist die wiederholt ausgesprochene Voraussetzung dieser Darlegung[50]). Ob die Apostel oder wer sonst den Sonntag und andere Feiertage eingeführt habe, galt den Reformatoren mit Recht als eine rein geschichtliche, für den Glauben gleichgültige Frage; denn sie wußten und die augsburgische Confession erinnert daran, daß die Christenheit auch apostolische Verordnungen mit bestem Gewissen nicht mehr halte, wie die, daß die Weiber beim Gebet das Haupt bedecken, oder daß die Christen aus den Heiden des Bluts und des Erstickten sich enthalten sollen. Auch die Auctorität und das Beispiel der Apostel kann einer kirchlichen Ordnung nicht zum Rang der Heilsordnung oder eines ewig gültigen Gebotes Gottes oder einer Stiftung Christi verhelfen. Die Lehre der Apostel aber hat die Christenheit frei erklärt von aller cerimonialen Ordnung sogar des geoffenbarten Gesetzes; um so unerträglicher ist es, wenn kirchliche Ordnungen wie die des

Sonntags und der übrigen Feiertage, welche nur durch solche Fictionen, wie die von einer Verwandlung des Sabbaths in den Sonntag, auf göttliche Stiftung zurückgeführt werden können, für göttliche Ordnungen ausgegeben werden, deren Uebertretung an sich selber Sünde sei und deren Beobachtung Gottes Wohlgefallen erwerbe. Die Freiheit, welche die Christenheit unter anderem in der Aufrichtung der Sonntagsfeier bethätigt hat, ist nach diesem Bekenntnis nicht die Willkür, womit man den klaren Buchstaben des den Juden gegebenen Sabbathgebots durch ein ebenso verbindliches Sonntagsgebot verdrängt haben sollte, sondern eine Bethätigung der Erkenntnis, „daß weder die Haltung des Sabbaths noch eines andern Tages vonnöthen sei."

Wenn man sich scheut, diese Lehre für eine Irrlehre zu erklären, und sie statt dessen misverständlich oder unfertig nennt, wie man auch die gleichen Grundsätze des Paulus durch die Unfertigkeit der erst im Werden begriffenen kirchlichen Zustände seiner Zeit glaubt entschuldigen zu müssen, so sollte man sich auch nicht mehr auf die Grundlehre des Paulus und der Reformatoren als die reife Frucht ihrer Kämpfe berufen; denn mit der Herstellung dieser Grundlehre ist auch die Lehre von der Unverbindlichkeit des Sabbathgebotes und von dem untergeordneten Werth aller gottesdienstlichen Ordnung fertig. Wo immer eine gründliche Erneuerung der mittelalterlichen Kirche durch das Evangelium stattgefunden hat, hat man auch diese Stellung zu den heiligen Zeiten der Kirche wiedergewonnen. In Bezug auf den Sonntag und das dritte Gebot verkündigt Calvin im Jahre 1536 wesentlich die gleichen Grundsätze wie Luther und Melanchthon. Die

bleibende Wahrheit des dritten Gebotes, welches auch nach
Calvin in seiner eigentlichen Bedeutung nur den Juden
gegolten hat, entwickelt er durch die Wiederholung der
Gedanken, welche die Kirche vom zweiten bis zum fünften
Jahrhundert hierüber ausgebildet hatte. Daneben spricht
er von der Feier des Sonntags, mit welchem er sofort
auch die anderen kirchlichen Feste zusammenstellt, als von
einer Nothwendigkeit für den Gottesdienst und die gemeind-
liche Ordnung. Aber er spricht davon in seiner Auslegung des dritten Gebotes nur um zu zeigen, daß die
christliche Sonntagsfeier mit diesem Gebot nichts zu schaffen
habe, und um „das Geschwätz der Sophisten" zu wider-
legen, die da lehren, das Cerimonialgesetz des dritten Gebots, nämlich die Heiligung des siebten Wochentages sei
abgeschafft, aber als moralischer Gehalt sei festzuhalten
die Feier je eines der sieben Wochentage. Diesen protestantischen Standpunkt gab Calvin nicht auf, wenn er
später im Gegensatz zu revolutionären Bestrebungen den
Gegenstand reicher ausführte und eine innere Beziehung
zwischen dem Sabbathgebot und dem christlichen Gottesdienst herzustellen suchte. Der göttliche Wille, daß es
einen geordneten Cultus der Gemeinde gebe, und daß man
der dienenden Classe Zeiten der Ruhe gönne, gilt für alle
Zeiten. Wie er für Israel im Sabbathgebot einen Ausdruck gefunden hat, so wird er von der Christenheit durch
die Einrichtung und Beobachtung ihrer Feiertage und insbesondere des Sonntags erfüllt. Auch nach dieser späteren
Ausführung kennt Calvin kein religiöses Bedenken dagegen,
daß die christliche Gemeinde, wenn es vernünftige Gründe
dafür gäbe, statt des Sonntags andere, in anderen Inter-
vallen wiederkehrende Tage der Ruhe und des Gottes-

dienstes einführte, und es bleibt bei der Verwerfung jenes „Geschwätzes der Sophisten"⁵¹). In dieser Bahn halten sich die reformirten Bekenntnisse des 16. Jahrhunderts⁵²), so auch der Heidelberger Katechismus. Aber schon am Ende des Reformationsjahrhunderts drang jenes „Geschwätz der Sophisten", welches die protestantischen Kirchen in seltener Uebereinstimmung und mit dem vollen Bewußtsein der Tragweite ihrer Entscheidung abgewiesen hatten, unvermerkt in dieselben Kirchen wieder ein. Auch hier berührten sich die Extreme. In der reformirten Kirche, welche den Gegensatz zur Kirche des Mittelalters am schroffsten auszudrücken schien, erlebte die in den dunkelsten Zeiten der Kirche entstandene Lehre vom Sonntag zuerst ihre Erneuerung⁵³). Die Apostel oder der durch sie zeugende heilige Geist oder Christus selber — so hieß es nun wieder — haben die von Gott gebotene Feier des je siebenten Tages vom Sabbath auf den Sonntag übertragen. Der Sonntag ist der Sabbath; aber nicht auf die Auctorität der Kirche, sondern auf Gottes seit der Schöpfung gültiges Gebot gründet sich seine Feier. Wenn man im Unterschied von der katholischen Lehre den Sonntag von den ihm gleichartigen Bildungen der christlichen Sitte losriß und von allen christlichen Feiertagen nur den Sonntag für eine göttliche Stiftung erklärte, so war der Widerspruch gegen die geschichtliche Wirklichkeit nur noch greller, ohne daß darum der Widerspruch gegen die evangelische Wahrheit geringer geworden wäre. Unter puritanischem Einfluß drang diese Lehre zuerst auf englischem Boden in das öffentliche Bekenntnis ein; in der Confession von Westminster (1643—48) und den dazu gehörigen Katechismen kommt sie zu unverhülltem Ausdruck. Wichtiger war es, daß sie unter dem Widerstreben des Königthums in die staatliche Gesetzgebung und, was mehr sagen will, in Fleisch und Blut des englischen und schottischen Volkes überging. Auch in Deutschland fand sie Eingang und zwar, wie es scheint, früher bei den Gesetzgebern, als bei den Theologen. Während die deutschen Kirchenordnungen des 16. Jahrhunderts und die sonstigen obrigkeitlichen Verfügungen jener Zeit, welche Gottesdienst und Sonntagsfeier berühren, sich im ganzen in der Bahn evangelischer Lehre bewegen, taucht fast plötzlich mit dem Ausgang des dreißigjährigen Krieges in Polizeiverordnungen verschiedener Gebiete die Rüge der „Sabbathschändung" und die Forderung der „Sabbathheiligung" auf. Die Wächter der reinen Lehre schienen zu schlafen. Ohne Widerspruch drang zwar bei den Theologen die fremde Lehre nicht durch; aber sie schlich sich doch mehr verstohlen ein, als daß sie in siegreichem Kampf das Feld gewonnen hätte.

Der praktische Erfolg dieser Lehre und der ihr entsprechenden Gesetzgebung ist in Deutschland ebenso gering, wie in England und Nordamerika groß gewesen. Trotzdem überwiegt heute bei denen, welchen unter uns die Hebung der Sonntagsfeier am meisten am Herzen liegt, die Neigung, sich auf den Grund jener gesetzlichen Auffassung zu stellen und von da aus das Gewissen des Volks und der Obrigkeiten zu schärfen. Aber vergeblich wird man sich anstrengen, dem kirchlich gesinnten Theil unseres Volks begreiflich zu machen, daß man den Sonntag durch Ruhe von aller Arbeit heiligen müsse, weil Gott der Menschheit die Feier des je siebenten Tages geboten habe, daß das aber von Weihnachten, Charfreitag und Himmelfahrt nicht

4*

gelte, weil diese Tage nur von der Kirche geordnet seien. Vergeblich werden auch die Versuche bleiben, die dem Christenglauben entfremdeten Schichten der Gesellschaft durch Berufung auf ein Gebot Gottes zu schrecken, während sie von einem göttlichen Gebot überhaupt keine Vorstellung haben. Vor allem aber kann und darf man den Obrigkeiten und den gesetzgebenden Versammlungen nicht ein Gebot Gottes als für sie verbindlich darstellen, welches der Apostel Paulus unter Zustimmung der anderen Apostel für unverbindlich erklärt hat, welches die Kirche der Märtyrer nicht anerkannt und beobachtet hat, und welches die Väter der protestantischen Kirchen so ausgelegt haben, daß es mit der Pflicht der Liebe zu Gottes Wort und zu seiner Gemeinde zusammenfällt. Aber darum braucht man die Hoffnung auf eine gedeihliche Entwickelung der Sonntagsfeier und auf eine Besserung der gegenwärtigen Zustände nicht aufzugeben. Der Sonntag hat sich im Laufe der Jahrhunderte trotz aller Entartung und aller Fehlgriffe so unzweideutig als ein Segen für das öffentliche wie für das häusliche Leben erwiesen, er ist von so verschiedenen Seiten als ein Hort der Freiheit und als eine Wohlthat für Alle erkannt, daß Niemand ernstlich daran denken kann, ihn unserem Volke vollends rauben zu wollen. Vielmehr darf man mit Hoffnung auf Erfolg dahin wirken, daß er besser wie bisher geschätzt und geschützt werde. Diese Bestrebungen werden von verschiedenen Beweggründen ausgehn. Aus rein humanen, aber auch aus eigenthümlich christlichen Gründen kann man für Hebung der Sonntagsfeier eintreten. Die Einen werden nur den Tag der Ruhe und Freiheit von jeder gezwungenen Arbeit für alle Theile des Volks fordern. Die Andern werden haupt=

sächlich den christlichen Gottesdienst und die Pflege der Frömmigkeit im Auge haben. Die Letzteren werden darauf dringen, daß Alle, welche ein Verlangen darnach haben, wirklich und nicht wie so oft nur scheinbar in die Lage versetzt werden, an der Sonntagsfeier der christlichen Gemeinde Theil zu nehmen und an diesem einen Tage der Woche die Unterschiede der irdischen Lage weniger zu empfinden, als die Gleichberechtigung aller Christen. Aber warum sollten diejenigen, die nichts weiter sein wollen als Menschenfreunde, und die Christen, die doch auch Menschenfreunde sind, nicht bei richtiger Einsicht in ihre beiderseitigen Interessen freundlich zusammenwirken können. Was die Einen erreichen, kommt den Andern zu gute, wenn sie nur ehrliche Bundesgenossen sind, und wenn beide Theile darauf verzichten, ihren inneren Ueberzeugungen im Staat und im Volksleben in tyrannischer Weise die Alleinherrschaft verschaffen zu wollen. Das Ziel wäre ein Feiertag, welcher der Kirche freien Raum schafft, ihren Dienst an Allen, die ihn begehren, auszurichten, und welcher zugleich allen denen, die solchen Dienst der Kirche nicht beanspruchen, die Möglichkeit leiblicher Erholung, gemüthlicher Erquickung und geistiger Sammlung gewährte: ein „Tag des Herrn" freilich nur für die, welche den auferstandenen Jesus als ihren Herrn anrufen, aber ein „Sonntag", ein Tag, wo Gottes Sonne freundlicher über diese Erde leuchtet, für alle Menschen.

Anmerkungen.

1) De la célébration du dimanche considérée sous les rapports de l'hygiène publique, de la morale, des relations de famille et de cité. (Sujet proposé par l'académie de Besançon.) Par P. J. Proudhon. 3. édit. Paris 1848, p. 13. Abgesehn von der im Titel ausgesprochenen Tendenz, bleibt diese Schrift auch darum interessant, weil darin die in meinem Vortrag wieder einmal bestrittene geschichtswidrige Vorstellung den classischen Ausdruck gefunden hat: On sait ... que dans la pensée des apôtres il ne devait exister entre le sabbat mosaïque et le dimanche chrétien d'autre différence qu'un retard de 24 heures.

2) Den arg verstümmelten lateinischen Text findet man abgedruckt bei Jrmischer, Staats- und Kirchenordnungen über die christliche Sonntagsfeier I, 90 ff. In dieser Recension setzt das Machwerk abendländische Verhältnisse und Reste germanischen Heidenthums voraus und athmet den Geist der fränkischen Sonntagsgesetzgebung. In dieselbe Zeit und Gegend weist auch die Analogie des gleichfalls in Jerusalem zur Erde gefallenen Briefs Christi, welchen der Franke Adelbert verbreitet haben soll (Neander, Kircheng. II, 1, 32. 3. Aufl.) Die mannigfaltigen Bearbeitungen desselben Gegenstands in syrischer, arabischer und äthiopischer Sprache, über welche F. Prätorius (Mazhafa Tomâr. Das äthiopische Briefbuch. 1869. S. 2—8) eine Uebersicht giebt, wozu noch die Angaben von Wright (Catal. II, 1022 sq. und apocr. acts of the apostles II, p. XII) hinzuzufügen sind, muß ich für morgenländische Umarbeitungen halten. Die mir nur aus dem Referat von Prätorius bekannten Gründe, womit Beke gegen Ewald den morgenländischen Ursprung zu erweisen gesucht hat, beruhen auf Misverständnissen kanonischer Bestimmungen, die weiter unten zur Sprache kommen.

3) Luc. 4, 16. 31 ff. 44. Joh. 18, 20. Die epochemachende Bedeutung der Sabbathheilungen für den Kampf in Jerusalem ist nach Joh. 5, 16 ff. unverkennbar, aber auch für die Entwickelung in Galiläa nimmt Matth. 12, 1 ff., wie V. 14 zeigt, eine ähnliche Bedeutung in Anspruch.

4) Joh. 5, 17. Die noch immer vorkommende Meinung, daß Jesus hiermit ein Privileg für sich beanspruche, verträgt sich nicht mit der unzweideutigen Bezugnahme auf die allen Israeliten geltende Motivirung der Sabbathfeier in 2 Mos. 20, 11 (1 Mos. 2, 2 f.) und mit der Analogie der Beweisführung in Joh. 7, 19—25. Der johanneische Christus nimmt genau dieselbe conservative Stellung zum Sabbathgebot ein wie der Christus der älteren Evangelien. Nur in eminentem Maße gilt dem Sohne Gottes, was allen Israeliten gilt. Aber ebenso gilt nach Marc. 2, 28 (vgl. Matth. 12, 8; Luc. 6, 5) vom Sohn des Menschen, was nach dem Zusammenhang vom Menschen überhaupt gelten müßte.

5) 5 Mos 5, 15. Die zweite Hälfte des Verses scheint zu beweisen, daß nicht nur die Arbeitsruhe der Knechte, sondern die Sabbathfeier der Israeliten überhaupt durch die Erinnerung an den egyptischen Knechtsdienst ohne Feier und Rast motivirt werden soll. Vgl. Oehler in Herzog's Encykl. XIII, 198.

6) Der Mangel einer ausdrücklichen Bezeugung gerade der Sabbathfeier bei den jüdischen Christen der apostolischen Zeit — denn Luc 23, 56 gehört noch nicht dahin — wird durch Stellen wie Apostelg. 21, 20 vollkommen ersetzt, vgl. auch Anm. 8. 11. 38.

7) Die drei ersten Evangelien lassen zwar auch das Verhältnis der letzten Ereignisse der Geschichte Jesu zu den Wochentagen erkennen, aber doch nur nachträglich wird bemerkt, daß Jesus an einem Freitag gekreuzigt wurde (Matth. 27, 62; Marc. 15, 42; Luc. 23, 54), und nur beiläufig, daß der folgende Tag ein Sabbath war (Marc. 16, 1; Luc. 23, 56), womit dann von selbst die Bezeichnung des Auferstehungstages als ersten Wochentages (Matth. 28, 1; Marc. 16, 2; Luc. 24, 1) gegeben war. Johannes scheint auf die Wochentage größeres Gewicht zu legen. Dreimal wird betont, daß Jesus am Freitag gekreuzigt wurde, wenn man Joh. 19, 14 nach 19, 31. 42 erklärt; und zweimal, daß er am Sonntag auferstanden und den Seinigen erschienen

sei, Joh. 20, 1. 19, vgl. auch V. 26. Die hierauf gegründete christ=
liche Wochenordnung wird in den Kreisen, für welche dies Evangelium
zunächst bestimmt war, bereits feste Sitte gewesen sein.

⁸) Matth. 5, 17—20. Dahin gehört auch Matth. 23, 3 und 23
und in Bezug auf die Sabbathfeier die indirecte Anweisung Matth. 24, 20,
welche bei Marc. 13, 18 nicht zufälliger Weise fehlt.

⁹) Matth. 17, 24—27. Vgl. Joh. 4, 21—24.

¹⁰) Gal. 4, 8—11. Vgl. V. 3. Ich gehe im Text von der Ansicht
aus, daß das Galatien dieses Briefs die ganze damalige römische
Provinz dieses Namens, und daß unter den Galatern vor allem die
lykaonischen Christen zu verstehen seien (Ap.=G. 13 und 14).

¹¹) Röm. 14, 5 f., eine der Stellen, wo die Wahl der richtigen
Lesart für den Sinn wesentlich ist. Liest man: „denn der Eine
hält einen Tag vor dem anderen, der Andere aber hält alle Tage
gleich", so wird diese Verschiedenheit der Sitte in Bezug auf die Be=
obachtung gewisser Tage nur als ein lehrreiches Beispiel mit dem
Gegensatz der Vegetarianer und der Fleischesser in der römischen Ge=
meinde zusammengestellt. Der letztere Gegensatz, welcher gegenseitige
abschätzige Urtheile und Streitigkeiten veranlaßt hatte, soll ebenso in
der Kirche geduldet werden, wie es als eine berechtigte Mannigfaltigkeit
anerkannt war, daß ein Theil der Christenheit gewisse Tage (Sabbathe,
Fast= und Festtage) als heilige Tage auszeichnete, während ein andrer
Theil überhaupt keinen Unterschied zwischen solchen heiligen und ge=
meinen Tagen machte. Streicht man ferner nach überwiegender Be=
zeugung in V. 6 die Worte: „und welcher nicht darauf hält, der
thut's auch dem Herrn", so wird es noch deutlicher, als es sonst der
Fall wäre, daß derjenige, welcher Tage feiert, nicht etwa mit den
Asketen, sondern gerade mit den freisinnigen Christen in Rom in
Parallele gestellt wird. Die römischen Asketen sollen hören, daß sie
den im Puncte der Nahrungsmittel freisinnigen Mitchristen wenigstens
die gleiche Duldung schuldig sind, welche Paulus und die Heiden=
christen gegen diejenigen jüdischen Christen üben, die ihrer ererbten
Sitte in der Feier heiliger Tage glauben treu bleiben zu sollen (Vgl.
v. Hofmann, N. Test. III, 553 ff.). Das Argument war um so
schlagender, wenn die Majorität der römischen Christen und zumal
jene Asketen selbst jüdischer Herkunft waren und daher auch jüdische
Festtage und =zeiten beobachteten. Nur unter dieser Voraussetzung

begreift sich auch das hiesige Urtheil des Paulus in seinem Unterschied von demjenigen in den Briefen an die heidenchristlichen Gemeinden von Galatien und Kolossä. — Der jüngste Versuch, die heidnische Herkunft der Majorität der römischen Christen jener Zeit zu erweisen (Jahrbb. für deutsche Theol. 1876, S. 248 ff.), zeichnet sich vor den älteren durch eine ungemeine Oberflächlichkeit der Exegese aus.

12) 1. Kor. 16, 1 f. Luthers Uebersetzung ist hier wie Matth. 28, 1; Marc. 16, 2; Luc. 24, 1; Joh. 20, 1. 19. Apostelg. 20, 7, wo überall der erste Tag der jüdischen Woche, der Sonntag, gemeint ist, sehr irreführend.

13) Ap.=G. 20, 7. Da Paulus am anderen Tage weiter reist, könnte man sich in diesem Falle die Wahl des Sonntags zu jener Feier daraus erklären, daß Paulus seinen Abschied so feiern wollte, nachdem der Tag der Abreise aus anderweitigen Gründen festgestellt war. Aber warum hätte der Erzähler dann den Tag nach seiner Stellung in der jüdischen Woche bezeichnet, während er sonst in diesem Zusammenhang nur das Verhältnis der Reise zu den jüdischen Festen Passa und Pfingsten hervorhebt? Die polemischen Bemerkungen von Overbeck zu de Wette's Apostelg., S. 334, klären die Sache in keiner Weise auf.

14) Off. Joh. 1, 10. Vgl. die Anm. 7. Nach dem ältesten apokryphen Bericht über den Tod des Johannes (Wright, apocr. acts of the ap. I, 66. II, 61 = Tischendorf, acta apocr. p. 272, vgl. Göttinger gel. Anzz. 1878, S. 113), dem Bruchstück einer vor dem dritten Jahrhundert verfaßten Schrift, hat sich Johannes an einem Sonntag nach Beendigung des Gemeindegottesdienstes in's Grab gelegt. Hier findet sich, wie schon bei Ignatius Magn. 9, 1 (nach richtiger Lesart f. meine Ausg. p. 36 sqq.) und im Titel des Werks, welches Melito von Sardes über den Sonntag schrieb (Eus. h. e. IV, 26, 2), das substantivirte κυριακή, während daneben die vollständige Form ἡ κυριακὴ ἡμέρα nicht ausgestorben ist. Vgl. auch Dionys von Korinth bei Eus. IV, 23, 11.

15) Die erste Entstehung des Brauchs, den Sonntag, den ersten Tag der siebentägigen Woche der Juden und Christen, den achten Tag zu nennen, kann nur aus derselben doppelten Irrationalität erklärt werden, welcher der Anfangs- oder Schlußtag der achttägigen römischen Woche den Namen nundinae (Neuntag) verdankt. Indem man den Anfangstag der nächst-

folgenden Woche zugleich als Schluß der vorangehenden betrachtete, wurde der je siebente Tag als der je achte bezeichnet (Tertull. idolol. 14: octavus quisque dies vom Sonntag; vgl. unser „8 Tage" und die französische quinzaine). Sodann aber wurde diese Bezeichnung, welche je nach dem Anfangspunct der Zählung auf jeden beliebigen der 7 Wochentage gleich gut passen würde, auf den bestimmten ersten Tag der jüdischen Woche fixirt. Daraus erklärt sich der unzählig oft vom Sonntag gebrauchte Ausdruck: „Der achte Tag, welcher auch der erste ist" (Justin. dial. 41 extr.; c. 138; auch schon apol. I, 67 extr. Clem. Al. strom. VI §. 138; August. ep. 55, 28 ad Januar. [ed. Ven. tertia] tom. II, 185 und in dem achten der von Denis herausgegebenen Sermone tom. XVIII, 1051. Vgl. auch viele der sogleich anzuführenden Stellen). Aber dieser Ursprung des Namens scheint früh absichtlich ignorirt worden und bald völlig aus dem Bewußtsein verschwunden zu sein, wenn man, wie schon Barnabas (XV, 8. 9), den Sonntag als achten Tag dem Sabbath als dem siebenten gegenüberstellte, als ob nicht der eine so gut wie der andere einer von 7 Tagen wäre, und wenn man nun im Alten Testament allerlei versteckte Weissagung auf den Sonntag als den achten Tag finden wollte (Justin. dial. 24 und an den vorhin genannten Stellen; Orig. select. in Psalm. [Delarue II, 517 B. C.] Euseb. [bei Montfaucon coll. nov. I, 33 A. 44 C.]; Pseudoign. ad Magn. 9 [m. Ausg. p. 202, 19]; Basil. de spir. s. 27 [ed. Bened. III, 56]; Aster. Amas. hom. in ps. 6 [Cotel. mon. eccl. gr. II, 49 sq.]; unter den Lateinern Cypr. ep. 64, 4 [ed. Vindob. 719, 24 sqq.]; Victor. de fabr. mundi [Routh, rel. s. III, 458 ed. 2]; August. ep. 55, 23 tom II, 181 cf. contra Faust. VI, 3 tom. X, 245). — Die Erklärung des Namens „der achte Tag" aus Joh. 20, 26, welche Steinmeyer (der Dekalog S. 61 Anm.) gewagt hat, wird hoffentlich keine Freunde finden.

16) In vorconstantinischer Zeit findet sich der Name Sonntag meines Wissens nur bei Justin. apol. I. 67 (zweimal, daneben „Tag des Saturn" als Name des Sabbaths); Tertull. apol. 16; ad not. I, 13, also in Schriften, die auf Heiden berechnet waren. Auch die übrigen Wochentage müssen nur sehr selten von Christen mit den Planetennamen belegt worden sein. Ein Clemens von Alex. weiß natürlich, daß der Mittwoch (ἡ τετράς) nach dem Hermes (Mercur)

und der Freitag (ἡ παρασκευή) nach der Aphrodite (Venus) genannt wird (strom. VII. § 75). Aber er würde dies schwerlich allegorisch verwenden, wenn er nicht in diesem Werk vielfach auch auf heidnische Leser reflectirte. Recht vereinsamt scheint auch eine christliche Inschrift vom 5. November 269 zu stehn, worin der Tag der Venus genannt wird (Mommsen, römische Chronol. 2. Aufl., S. 312). Erst seit Constantin, welchem der Name Sonntag für seine religionsmengerischen Absichten bequem war, wurde dieser auch den Christen geläufiger. Schon Euseb sucht zwischen den älteren christlichen Anschauungen und der byzantinischen Hofsprache eine Brücke zu schlagen, indem er den Tag des Herrn den Tag des Lichts und der Sonne nennt, wo er von Constantins Sonntagsgesetzgebung redet (Vita Const. IV, 18, 3 cf. c. 20). Als erster Tag der jüdischen Woche war der Sonntag der Tag der Erschaffung des Lichts (1 Mos. 1, 3; cf. Clem. Alex. strom. VI, § 138; Victorin. de fabr. mundi bei Routh III, 460). Schon Justin hatte durch diese Reflexion die vorübergehende Anbequemung an den heidnischen Namen Sonntag gewissermaßen gerechtfertigt (apol. I, 67). Eine andere Anknüpfung, welche ein Redner wie Ambrosius (serm. in pentecost. ed. Paris 1632, tom. V, 81) nicht verschmähte, obwohl er gleichzeitig den Namen als einen heidnischen bezeichnete, bot die Vergleichung des auferstehenden Christus mit der aufgehenden Sonne. Viel entschiedener erklärte sich Augustin gegen diesen heidnischen Sprachgebrauch, Enarr. in psalm. 93 (tom VI, 260): Una sabbati dies dominicus est; secunda sabbati secunda feria, quem seculares diem Lunae vocant; tertia sabbati tertia feria, quem diem illi Martis vocant. Quarta ergo sabbatorum quarta feria, qui Mercurii dicitur a paganis et a multis Christianis. Sed nollemus; atque utinam corrigant et non dicant sic. Habent enim linguam suam, qua utantur.... Melius ergo de ore christiano ritus loquendi ecclesiasticus procedit.

[17]) Dio Cass. 37, 19; Mommsen, über den Chronogr. von 354, S. 566. 568. Daß sich bei den alten Assyrern und bei den Zabiern unter anderen Aufzählungen auch die jüdisch=christliche (vom Sonntag bis Sonnabend) findet (Schrader, Theol. Stud. u. Krit. 1874, S. 348, 350), darf hier außer Betracht bleiben.

[18]) Vgl. außer den Anm. 15 angeführten Stellen Orig. hom. 7, 5 in Exod. (Delarue II., 153 sq.).

¹⁹) Ign. ad Magn. 9, 1. Vgl. meine Bemerkungen zu d. St. (Patr. apost. II., 37 sq.) und im Ignatius v. Ant. S. 354 f. Die Behandlung der Stelle bei O. Henke, Beiträge zur Geschichte der Lehre von der Sonntagsfeier, Stendal 1873, S. 7, ist auch abgesehen von der dort zu Grunde gelegten verwerflichen Lesart grammatisch und exegetisch unrichtig. — Wesentlich auf der gleichen Linie mit Ignatius und Origenes bewegt sich auch noch Athanasius, wenn er wirklich der Verfasser der Schrift — eine Homilie ist es ja nicht — de sabbato et circumcisione ist (ed. Patav. 1777, vol. II, 42 sqq.). Sehr eigenthümlich dagegen äußert sich der Verfasser einer Predigt über Marc. 2, 23—3, 6, (homil. de semente in Athan. opp. II, 45 sqq.), welche uns durch eine einzige Handschrift als athanasianisch überliefert ist, aber noch aus vielen anderen Gründen als den von Montfaucon angeführten dem Athanasius abgesprochen werden muß. Es ist ein Sonnabendspredigt, welche mit den Worten beginnt: „Am Sabbath haben wir uns versammelt, nicht als ob wir am Judaismus krank wären, denn mit den falschen Sabbathen lassen wir uns nicht ein; wir sind vielmehr am Sabbath hier erschienen, um den Herrn des Sabbaths anzubeten. Denn vormals war bei den Alten der Sabbath in Ehren, der Herr aber hat den Sabbath in einen Herrentag (Sonntag) umgesetzt." So nämlich werden die letzten Worte zu übersetzen und auf jenen bestimmten Sabbath der evangelischen Lection zu beziehen sein. Daß der Sonntag der christianisirte Sabbath sei, oder daß das Sabbathgebot durch die Sonntagsfeier erfüllt werde, sagt dieser Prediger auch im weiteren Verlauf durchaus nicht.

²⁰) Daneben kommt die in Anm. 16 belegte Beziehung auf den ersten Tag der Schöpfung kaum in Betracht; noch weniger die hier und da auftauchende Meinung, daß auch die Himmelfahrt auf einen Sonntag gefallen sei. Mit Barn. 15, 9 ist in dieser Hinsicht die doctrina apostolorum zu vergleichen, welche Himmelfahrt und Pfingsten auf einen und denselben Sonntag verlegt (Cureton, anc. syriac docum., syr. Theil p. 24, 8; 27, 7; engl. Theil p. 24, 11; 27, 12, griechisch unter dem Titel διδαχή Ἀδδαίου bei Lagarde, rel. iur. eccl. gr. p. 89, 17; 90, 17).

²¹) Diese Sitte ist beinahe so alt wie die Sonntagsfeier selbst. Justin (ap. I, 67) an der oben S. 24 übersetzten Stelle bezeugt sie, obwohl er den Gegensatz der Kniebeugung an andern Tagen nicht zu

erwähnen Anlaß hat. Jrenäus erwähnt sie als eine von apostolischen Zeiten an aufgekommene Sitte (Stieren 828 sq. Harvey II, 478 sq.); ferner Tertullian (de orat. 18 al. 23; de corona 3) und Petrus von Alexandrien (Lagarde, rel. iur. eccl. gr. p. 73, 23) als eine empfangene Ueberlieferung. Durch das nicänische Concil (can. 20) wurde sie zum Kirchengesetz, cf. const. apost. II, 59 ed. Lagarde 90, 14; Epiphan. expos. fidei cathol. 21. Wenn Augustin nicht weiß, ob sie in allen Kirchen beobachtet wird (ep. 55. 32 ad Januar. tom II p. 187 cf. § 28), so sagt er damit auch, daß er von keiner Ausnahme weiß.

22) Das Fasten am Mittwoch und Freitag war schon am Ende des 2. Jahrhunderts verbreitet: Clem. strom. VII. § 75 (in § 76 daneben die Sonntagsfeier); Tertull. de ieiun. 2. 10. 14. Aber wenn nach diesen Stellen Tertullian's die Katholiken des Abendlands diesen allgemeinen Brauch nur noch nicht als unbedingt verbindlich gelten lassen wollen, so scheint mir unverkennbar zu sein, daß zur Zeit der bedeutend früher geschriebenen Schrift de oratione 14 (al. 19) eine Sitte des Fastens an diesen Tagen im Gesichtskreis des Tertullian überhaupt noch nicht vorhanden war. Die Stationstage, von welchen da die Rede ist (vgl. auch c. 18 al. 23; ad uxor II, 4), sind nach individuellem Bedürfnis und Vorsatz vom Einzelnen erwählte (halbe) Fasttage, wie bei Hermas (sim. V, 1). Sie treffen gelegentlich mit der gemeindlichen Abendmahlsfeier, d. h. aber für diese Zeit mit dem Sonntag zusammen (vgl. unten Anm. 24). Ebenso privaten Charakters waren aber auch alle ganzen Fasttage (ieiunia). Das einzige gemeinsame und als kirchliche Pflicht anerkannte Fasten war das des Passafestes. Die festere Ausprägung der Sitte muß demnach sehr rasch und plötzlich vor sich gegangen sein. Cf. Victorin. l. l. p. 456; Petr. Alex. l. l. p. 73, 20; die älteren apostolischen Diataxen bei Epiphan. haer. 75, 6; exposit. fid. cathol. c. 21; const. apost. V, 20 p. 155, 22; VII, 23 p. 207, 11; can. apost. 69 (al. 68); Pseudoign. ad Philipp. 13; August. ep. 36, 30 ad Casulan. tom. II, 107. Wenn Victorin und Epiphanius a. a. O. statt des im Text angegebenen Grundes des Fastens am Mittwoch angeben, daß Jesus an diesem Tage verhaftet worden sei (vgl. auch Epiphan. haer. 51, 26 und dazu Petavius; ferner Athanasius bei Montfaucon, bibl. Coisl. p. 112), so sind sie offenbar irregeleitet durch zweideutige

Stellen, wie const. ap. V, 15 p. 145, 19, welche nach den deutlichen wie const. ap. VII, 23 p. 207, 11 zu erklären sind. Verlegte man die bei Matthäus (26, 3—5 und V. 14—16) und Marcus (14, 1 f. und V. 10 f.) getrennten Thatsachen nach Anleitung von Luc. 22, 1—6 auf denselben Tag, nämlich auf den Matth. 26, 3; Marc. 14, 1 angezeigten Tag zwei Tage vor dem Passa (Freitag), so hatte am Mittwoch sowohl der entscheidende Beschluß des Synedriums, als das Anerbieten des Judas stattgefunden. Dieser Verrath des Judas wurde dann mit der thatsächlichen Auslieferung verwechselt.
— Ganz abweichend aber ist die Begründung des Mittwochgottesdienstes in der syrischen doctr. apost. (Cureton, anc. docum. syr. Text p. 26, 8, engl. Uebersetzung p. 26, 10). Wenn hier nicht ausdrücklich des Fastens, sondern nur des Gottesdienstes am Mittwoch und Freitag gedacht wird, und dagegen in unseren apostolischen Constitutionen und in der älteren Literatur gewöhnlich nur von Fasten geredet wird, so ist das kein wesentlicher Unterschied, denn die Begründung zeigt, daß das Fasten auch da gemeint ist, wo es nicht genannt wird. Beides ist zusammengefaßt in den dem Epiphanius vorliegenden Diataxen und in dem auf die gleiche Quelle zurückgehenden Fragment des Athanasius. — Merkwürdig ist, daß Origenes, der nach Sokrates (hist. eccl. V, 22 ed. Mogunt. 1677 p. 2×7 A) seine meisten Predigten am Mittwoch und Freitag gehalten haben soll, meines Wissens selbst nur von Freitags- und Sonntagsgottesdiensten spricht (c. Cels. VIII, 22; hom. V, 2 in Jesai.). Wie diese Predigt, so giebt sich auch die hom. VII in Exod. als eine Freitagspredigt zu erkennen.

23) Dies wurde, da den Kern der christlichen Osterfeier eine besonders feierliche Abendmahlsfeier bildete, für Irenäus ein Grund, die abendländische Sitte, wonach Ostern stets an einem Sonntag gefeiert wurde, vor der abweichenden Sitte seiner kleinasiatischen Heimat zu bevorzugen (Eus. h. e. V, 24, 11; 23, 1 sq. Iren. fragm. syr. bei Harvey II, 456).

24) Das Nichtfasten am Sonntag ist bei Tertullian (de orat. 18 al. 23) mit inbegriffen in den allgemeinen Ausdruck: (ab) omni anxietatis habitu et officio cavere debemus. Wenn ein Stationstag mit der sonntäglichen Abendmahlsfeier zusammentrifft, soll wenigstens die Gemeinde möglichst wenig davon merken. Zu dem

Ende soll der, welcher nach dem Ausdruck des Hermas „Station hat", sich ebenso wie die Andern das gesegnete Brod reichen lassen, sich dasselbe aber für späteren Genuß nach Ablauf der Fastenstunden aufbewahren (de orat. 14 al. 19). Auch die strengen montanistischen Fastengebote nahmen den Sonntag wie den Sabbath aus (de ieiun. 15). Vgl. ferner was theils direct in Bezug auf den Sonntag, theils durch den Gegensatz zu den Fasttagen in dieser Hinsicht gesagt ist bei Victorin. l. l. p. 457. Petr. Alex. l. l. 73, 22;. Epiphan. expos. fid. cath. 21; Pseudoign. ad Philipp. 13; August. ep. 55, 28 tom. II, 185. Während aber ein Augustin noch aus der Schrift zu beweisen sucht, daß das Fasten am Sonntag an sich keine Sünde, sondern nur ein gegen alle kirchliche Sitte verstoßendes Aergernis sei (ep. 36, 2 und 16 ad Casulan. tom. II, 92. 99), wird in der kanonistischen Literatur der Griechen davon regelmäßig so geredet, wie schon in den älteren apostolischen Diataxen bei Epiphanius (haer. 70, 11): „Verflucht ist vor Gott, wer am Sonntag sich kasteit." Cf. const. apost. V, 20. In dieser Betrachtungsweise wurde man wenigstens bestärkt durch den Gegensatz der Eustathianer, Manichäer und Priscillianisten, welche mehr oder weniger geflissentlich die kirchlichen Freudentage zu Fasttagen umstempelten und umgekehrt (Epist. synod. Gangr. und can. 18. 19 derselben; August. ep. 36, 27—29, tom. II, 105 f.; über die Synode von Saragossa s. Hefele, Conciliengesch. I, 744, 2. Aufl.; vgl. auch noch die Aërianer nach Epiph. haer. 75, 3).

25) Tertull. de idolol. 14. Die zu Grunde gelegte Lesart ist nicht gerade zweifellos.

26) Const. ap. II, 61 ed. Lag. p. 92, 2 sqq. 93, 12 sqq. (didascalia syr. p. 59 sq), vgl. auch c. 60.

27) Conc. Laodic. can. 29. Es ist irreführend, wenn Neander (Kirchengesch. I, 2, 576. 3. Aufl.) mit einiger Einschränkung und M. Rieger (Staat und Sonntag, S. 15) ohne jede Einschränkung behaupten, hierdurch habe die Kirche die Arbeitsruhe am Sonntag zum positiven Gesetz gemacht. In der vergleichbaren Stelle Pseudoign. ad Magn. 9 wird die Arbeitsruhe am Sabbath verboten, aber für den daneben genannten Sonntag wird sie nicht gefordert. Sehr bezeichnend ist es auch, daß const. ap. VIII, 32 nur für die Sclaven Arbeitsruhe an den Gottesdiensttagen gefordert wird. Es gilt nur Schutz der Unfreien gegen gezwungene Arbeit, wodurch ihnen die

Betheiligung am Gottesdienst unmöglich gemacht werden könnte. Die Lesart δούλους statt λαούς (so in der Parallelstelle bei Hippol. ed. Lagarde p. 82, 8; reliqu. iur. eccl. gr. p. 2, 22. aber auch dort nachher oἱ δοῦλοι) steht auch nach den syrischen und koptischen Recensionen fest: reliqu. iur. eccl. gr. p. XV. XXIII. — In der von Eucherius von Lngdunum aufgezeichneten Legende von der Legio Thebaea wird erzählt, zur Zeit des Bischofs Theodorus von Martinach um 380 sei ein beim Bau einer Basilica zu Ehren jener Märtyrer beschäftigter heidnischer Arbeiter, der am Sonntag daran gearbeitet hatte, von den Heiligen gezüchtigt und gescholten worden, quod vel die dominico ecclesiae solus deesset, vel illud fabricae opus sanctum suscipere gentilis auderet (Ruinart, acta mart. sincera p. 294 ed. 1).

28) Tert. de orat. 18 (al 23): ne quem diabolo locum demus. Selbst wenn Tertullian hier an die Wortbedeutung von diabolus (Verleumder, Ankläger) gedacht haben sollte, würde er damit noch nicht, wie Neander (Kircheng. I, 1, 162. 3. Aufl.) meint, seinerseits die Sonntagsarbeit für Sünde erklärt haben. Es wäre nur vorausgesetzt, daß irgendwer den Christen aus der Sonntagsarbeit einen Vorwurf machen könnte. Aber viel wahrscheinlicher ist die im Text gegebene Deutung, wonach der Teufel vielmehr als Versucher in Betracht kommt, die Sonntagsarbeit also nicht als Sünde, sondern ebenso wie alle irdischen Geschäfte als Anknüpfungspunkt für die Versuchung zur Sünde angesehn wird.

29) Unter den Irrthümern, welche die richtige Behandlung der Sonntagsfrage erschweren, ist nicht bloß unter den Laien einer der wirksamsten die Meinung, daß die zehn Gebote zu dem übrigen mosaischen Gesetz sich verhalten wie das ewig gültige Sittengesetz zu dem durch Christus aufgehobenen Cerimonialgesetz. Daß diese Unterscheidung des Dekalogs vom übrigen Gesetz biblisch nicht zu begründen und mit dem thatsächlichen Inhalt des einen und des andern unverträglich sei, liegt am Tage. Lehre der alten Kirche ist es auch nicht gewesen (s. Anm. 30 und dazu die Ausführung im Text); und den Lutheranern, welche dies, etwa unter Berufung auf Apol. Conf. Aug. (art. III, §. 3), für evangelische Lehre halten, ist vor anderem die Lectüre der in der Hauptsache unwiderleglichen Darlegung Luther's in der Schrift „wider die himmlischen Propheten" (Erl. Ausg. Bd. 29,

151 ff. 156 f.) zu empfehlen. Am sonderbarsten aber ist die häufige Berufung auf Matth. 5, 17—20. Der Wortlaut spottet jedes Versuchs, den Sinn herauszubringen, daß Jesus dort die ewige Gültigkeit des Dekalogs im Unterschied von dem übrigen alttestamentlichen Gesetz gelehrt habe. Man könnte durch jene Stelle mit gleich gutem und schlechtem Recht die fortdauernde Gültigkeit des Gebots der Beschneidung und des Verbots des Schweinefleischessens als die des Sabbathgebots begründen. Wenn Jesus übrigens es ablehnt, daß er gekommen sei, Gesetz und Propheten aufzulösen, so bestreitet er damit ebensowenig, daß es durch die Entwickelung der Heilsgeschichte und durch seine eigene Wirksamkeit zu einer vom alttestamentlichen Gesetz unabhängigen Gestalt seiner Gemeinde kommen werde, als er durch Worte wie Joh. 3, 17; 12, 47 bestreitet, daß er der Weltrichter sein werde Joh. 5, 27. — Eine zweite Hauptstütze der unevangelischen Lehre vom Sonntag bildet die Vermuthung — denn mehr ist es ja nicht als eine Vermuthung, die weder durch jüdische Tradition noch durch Joh. 7, 19—23 sich empfehlen läßt —, daß Gott nach 1 Mos. 2, 2 f. den ersten Menschen und somit der Menschheit die Feier des Sabbaths geboten habe. Um nun hieraus für den Sonntag etwas zu gewinnen, liebt man es bis heute, den klaren Wortsinn der Stelle so zu verdunkeln, daß Gott den je siebenten Tag, oder von je sieben Tagen einen gesegnet und geheiligt habe. Aber der Text redet nur von dem einen siebenten Tag, welcher die erste Woche des Weltdaseins abschloß; und so gewiß ein Israelit dies geschrieben hat, so unzweifelhaft ist auch, daß er in diesen Worten eine indirecte Segnung des jede jüdische Woche abschließenden Sabbaths und nicht irgend eines der sieben Wochentage angezeigt fand und seinen Lesern anzeigen wollte. — Hiermit wird nicht selten ein Beweis aus der Analogie des Sabbaths mit der gleichfalls bis zu Schöpfung und Paradies zurückreichenden Ehe verbunden. Beides seien Gottesordnungen für die ganze Menschheit und alle Zeiten. Nun hat gewiß jedes Gleichnis das Recht zu hinken, aber es darf nicht wie dieses auf beiden Füßen lahm sein, wenn es stehen soll. Gott hat die Ehe nicht anders gestiftet als durch Erschaffung des Weibes. Vergleichbar wäre daher die Stiftung des Sabbaths mit der Ehe nur dann, wenn Gott dem siebenten Tage der Woche eine reelle Natur anerschaffen hätte, welche ihn von den sechs anderen Tagen ebenso unterschiede,

wie das Weib vom Manne unterschieden ist. Dann würde es sich freilich von selber verstehen, daß der Christ den siebenten Tag der Woche, aber auch nur diesen und nicht etwa den ersten oder sechsten, darnach werthschätzen müßte. Denn die schöpfungsmäßige Natur der Dinge bietet dem Christen den Stoff, an welchem, und zugleich die Formen dar, in welchen er seinen Glauben bethätigt und Liebe übt. Aber unerträglich ist auch die andere Voraussetzung dieser Vergleichung, daß die Ehe eine für alle Menschen verbindliche Gottesordnung sei. Dann wäre es nicht mehr wahr, daß Jesus alle Gerechtigkeit erfüllt hat, und alle Christen von Paulus an, welche außer der Ehe geblieben sind, müßten als Empörer gegen Gottes Ordnung gelten.

30) Eben dies giebt Irenäus (IV, 16, 3) als die von je gewesene und ewig bleibende virtus decalogi an; in ähnlichem Zusammenhang der alte Evangeliencommentar unter Theophilus' Namen lib. I ed. Otto p. 283. Noch um 400 sagt Makarius von Magnesia (lib. III,.41 ed. Blondel p. 140) kurz und gut von Christus in Bezug auf das ganze mosaische Gesetz: ἐν ἀγάπῃ εὐαγγελίου νόμον περιγράψας παλαιόν. Vgl. übrigens v. Zezschwitz, System der Katechetik II, 1, 172 ff. Die dagegen gerichteten Bemerkungen Steinmeyer's (der Dekalog S. 5 ff.) bezeugen nur die Abneigung dieses Theologen, die kirchengeschichtliche Wirklichkeit zum Inhalt und Maß seiner Anschauungen zu machen. Der angedeutete Gegenbeweis dürfte, wo es sich um die alte Kirche handelt, jedenfalls nicht mit dem spätgeborenen Augustin beginnen.

31) Justin. dial. c. Tryph. 45. Tertull. adv. Jud. 2. Orig. comm. in epist. ad Rom. lib. II, 8 u. 9; III, 2 (Delarue IV, 505 D); contra Cels. V, 37. Const. apost. I, 6 (Lagarde p. 7, 1); VI, 22 (p. 186, 11); c. 23 (p. 186, 13) cf. c. 19 sqq.

32) Theoph. ad Autol. II, 35; III, 9. Von der ersten Tafel (περὶ εὐσεβείας) reproducirt dieser nur die beiden Hälften des ersten Gebotes und geht dann mit stillschweigender Beseitigung des zweiten und dritten Gebotes zur zweiten Tafel über. — Irenäus an der in Anm. 30 angeführten Stelle zeigt nicht nur durch den Ausdruck virtus decalogi, wie er es meint; er sagt dies auch gerade in einem Zusammenhang, wo der Sabbath von dem ewig gültigen Gesetz ausgeschlossen wird. Ebenso nimmt Origen. comm. in ep. ad Rom. lib. II, 9 den Sabbath ausdrücklich vom natürlichen Gesetz aus.

Vgl. ferner die Berührungen des Dekalogs in Const. ap. I, 1 u. 6; II, 36; VI, 19. 20.

33) So Iren. IV, 8, 2 sq.; Tertull c. Marc. IV, 12, wie auch Luther im großen Katechismus. Aber schon ein Lactanz (instit. IV, 17) gab sich der Täuschung hin, daß Christus das Sabbathgebot gebrochen und dadurch aufgehoben habe. Die erstere, scheinbar gesetzliche Ansicht ist nicht allein die geschichtlich richtige, sondern auch die wahrhaft evangelische, weil sie die Abwesenheit des verfehlten Bemühens bezeugt, das Bild Christi auch nach denjenigen Seiten, welche durch seine Zugehörigkeit zum Volke Israel bedingt sind, als Vorbild für die ganze Christenheit auszumalen.

34) Justin. dial. 18—27. 46. Iren. IV, 16, 1—4. Tertull. adv. Jud. 2—6 (cf. Barn. 2, 6). Was hier als eine gegen Juden gerichtete Behauptung auftritt, daß der Sabbath eine erst mosaische und darum nur jüdische Institution sei, ist auch eine seit alter Zeit bei den Juden selbst vertretene Meinung (Selden, de iure nat. et gent. Argentor. 1665 p. 343. 316. 326 sq. 333 sq. 349 sq. Ueber die gegentheilige Meinung s. denselben p. 354—57).

35) Justin. dial. 12; Iren. IV, 16, 1: sabbata autem perseverantiam totius (soll heißen omnis = πάσης) diei erga deum deservitionis edocebant etc.; Tertull. adv. Jud. 4 (cf. adv. Marcion. IV, 12); Clem. strom. IV § 8; VI § 138. S. auch mehrere Stellen in den folgenden Anmerkungen.

36) Barn 15, 1. 6—8; Iren. in dem mehrfach angeführten Kapitel; Orig. hom. VII § 7 in Exod.; August. de Genesi ad lit. lib. IV § 24 (tom. III, 222); de Genesi c. Manich. lib. I § 33 (tom. I, 827); ep. 55, 19 ad Januar. (tom. II, 179).

37) Diesen Gedanken entwickelt vor Anderen schön Augustin in seiner Sonnabendspredigt über Psalm 91 (tom. VI, 236) mit den an den Gedanken des „Barnabas" erinnernden Worten: omnis homo malus sabbatum habere non potest; nunquam enim illi conquiescit conscientia; necesse est in perturbationibus vivat. — Solche Ruhe hat uns Christus gebracht und zugleich das Joch des Gesetzes von uns genommen (nach Matth. 11, 28) Epist. 55, 22 (tom. II, 180); contra Faust. lib. XIX, 9 (tom. X, 381); c. Adimant. 2 (tom. X, 135).

38) Justin. dial. 47. Eus. h. e. III, 27. Epiphan. haer. 29,

7. 8; haer. 30, 2. 16. 32. Trotz der bekannten Unklarheiten in den Nachrichten über die verschiedenen Gruppen der jüdischen Christen wird dem Eusebius zu glauben sein, daß es neben denjenigen „Ebjoniten", welche gar keine Sonntagsfeier kannten, auch solche gab, welche sie annahmen, und daß Letztere daneben die ihnen mit der anderen Partei gemeinsame Sabbathfeier beibehielten. Zur Annahme der Sonntagsfeier hatten die in sich verschlossenen nazaräischen Gemeinden keinen Anlaß, und man wird aus der Erzählung ihres aramäischen Evangeliums von der dem Jakobus am Ostertag zu Theil gewordenen Erscheinung des Auferstandenen und dem Worte Jesu an denselben („Mein Bruder, iß dein Brod; denn des Menschen Sohn ist von den Todten auferstanden") nicht auf fröhliche Sonntagsfeier in diesen Kreisen schließen dürfen. Anders lag die Sache für die mannigfaltigen Schattirungen jüdischen Christenthums, welche in das Gebiet der Heidenkirche einzudringen suchten. Wir können jedoch nicht nachweisen, daß Cerinth (Philastr. 36, cf. Epiph. haer. 28, 1) und die von Ignatius bekämpften Irrlehrer, welche in Kleinasien neben anderen jüdischen Dingen auch die Sabbathfeier predigten (ad Magnes. 9), sich daneben am heidenchristlichen Gemeindegottesdienst und d. h. an der Sonntagsfeier betheiligten (Ign. Smyrn. 7, 1 mit meinen Bemerkungen dazu). Auffallend ist ferner, daß, soviel ich mich erinnere, weder in den clementinischen Homilien noch in den Recognitionen irgendwo die Sabbathfeier empfohlen oder die Sonntagsfeier vorausgesetzt wird. In hom. XIII, 1—XX, 1 hat man eine Reihe von acht Tagen, deren keiner als Sabbath oder Sonntag ausgezeichnet wird. Der nach 11 Tagen wiederkehrende Sabbath des Simon Magus, an welchem er nicht disputiren will (hom. II, 35; recogn. I, 20) ist sehr dunkel. In der partiellen Reproduction des Dekalogs homil. XIII, 4 wird von der Heiligung des Namens sofort zum Ehren der Eltern übergegangen (cf. VII, 8). Nur aus dem Schweigen über den Sabbath in hom. III, 45—56 darf man schließen, daß er nicht zu den außer Geltung gesetzten Bestandtheilen des Gesetzes gehört.

39) Es fehlt meines Wissens an jeder nennenswerthen Bemühung um diese wichtige Frage. Die gewöhnliche Vorstellung, wie sie sich bei Neander (Kirchengesch. I, 1, 162 f. I, 2, 574 f., 3. Aufl.) und in der populären Sonntagsliteratur (z. B. Oschwald, die christl. Sonntagsfeier, S. 59) findet, daß die Vereinigung von Sabbath-

und Sonntagsfeier ein stehengebliebener Rest aus den Anfangszeiten der Kirche und eine von den judenchristlichen Kreisen ausgegangene Sitte sei, ist mit den Zeugnissen schlechthin unvereinbar. In Bezug auf die judenchristlichen Parteien s. die vorige Anmerkung. Soweit dieselben des Kampfes gegen die katholische Kirche sich enthielten, entbehrten sie auch jedes Einflusses auf dieselbe und hatten überdies gar keine Sonntagsfeier. Diejenigen aber, welche vom ersten bis in das dritte Jahrhundert hinein auf die katholische Kirche Einfluß zu gewinnen suchten und die Sabbathfeier neben der Sonntagsfeier empfahlen, wurden mit dieser, wie mit ihren übrigen cerimonialgesetzlichen Forderungen im Orient sogut wie im Occident beharrlich abgewiesen; und die gottesdienstliche Feier des Sabbaths tritt in der griechischen Kirche plötzlich erst nach Constantin auf, zu einer Zeit, wo an einen verspäteten Sieg der judenchristlichen Propaganda gar nicht mehr zu denken ist. Die älteren Andeutungen von einer Vorbereitung dieser jungen Sitte sind spärlich. — Da aus dem Mart. Polyc. 8, 1 (cf. Acta Pionii c. 3 bei Ruinart p. 124 ed. 1) nichts zu folgern ist, so steht die Spur einer gewissen Gleichstellung des Sabbaths mit dem Sonntag sehr vereinzelt, welche in der Nachricht Tertullian's liegt, daß zu seiner Zeit einige wenige Christen — er sagt nicht, in welchem Theil der Kirche — am Sabbath wie am Sonntag der Kniebeugung sich enthalten. Es war damals ein Gegenstand lebhafter Discussion (doch wohl in der Umgebung Tertullian's oder wenigstens im Abendland), und Tertullian wünscht, der Herr wolle seine Gnade dazu geben, daß jene Christen entweder von ihrem Brauch ablassen oder doch ohne Aergerniß für die Uebrigen bei ihrer Meinung beharren (de orat. 18 al. 23). Als ein Seitenstück zum Nichtknieen und als eine zweite Gleichstellung mit dem Sonntag könnte man das grundsätzliche Nichtfasten am Sabbath ansehn, welches zuerst Tertullian (de ieiun. 15 vgl. c. 14) bezeugt; während Marcion umgekehrt seine Verachtung alles jüdischen Wesens auch dadurch ausgedrückt haben soll, daß er den Sabbath zu einem Fasttag machte (Epiph. 42, 3). Aber noch während des vierten Jahrhunderts findet sich in Bezug hierauf in der abendländischen Kirche weder Uebereinstimmung noch auch eine auf den besonderen Charakter des Sabbaths basirte Motivirung. Die Kirche von Mailand und viele abendländische Kirchen fasteten am Sabbath nicht; in der römischen und den spanischen Kirchen war der Sabbath ein regelmäßiger Fasttag (Concil. Illib. can. 26, für dessen richtiges Verständnis Neander I, 1, 163 und Hefele, Conciliengesch. I, 166 [2. Aufl.] sich nur viel entschiedener hätten aussprechen müssen; Victor. de fabr. mundi bei Routh, rel. s. III, 457 ed. 2; Hieron. ep. ad Lucin. [Martianay IV, 2, 579]; August. ep. ad Casulan [tom. II, 93. 95. 101. 105]; Innocent. ep. ad Decentium [Constant, ep. pontif. R. I, 859]; Cassian. instit. coenob. III, 10; Socrat. h. e. V, 22 p. 288 ed. Mogunt. etc. Ob schon Tertullian mißbilligend auf diese römische Sitte hinweist de ieium. 14, scheint mir ungewiß. Doch versichert Hieronymus a. a. O., daß schon Hippolyt unter Anderem hierüber geschrieben habe). Jener römische Geistliche, dessen bodenloses Geschwätz über das Fasten am Sabbath Augustin im Brief an Casulanus meisterhaft durchhechelt, hatte allerdings das im größten Theil der Kirche übliche Nichtfasten am Sabbath als eine grundsätzliche Gleichstellung des Sabbaths mit dem Sonntag aufgefaßt und daher als Judaismus getadelt (§ 23 p. 103), während er in sonderbarem Selbstwiderspruch doch auch wieder die Pflicht des Fastens am Sabbath damit begründen wollte, daß der Sabbath der von Gott geheiligte Tag sei (§. 14 p. 98). Aber in Bezug auf die abendländischen Kirchen, welche der römischen Sitte in diesem Stück nicht folgten, war jener römische Anonymus im Unrecht. Ihr Nichtfasten bedeutete nur die Abwesenheit der römischen Sitte. Augustin verurtheilte ebensowenig wie Ambrosius, dessen Ausspruch darüber Augustin wiederholt anführt (ad Casul. §. 32, p. 109; ep. 54, §. 3 ad Januar: tom. II, 165), die römische Sitte, sondern hielt nur die entgegengesetzte für angemessener. Das förmliche Verbot des Fastens am Sabbath tritt gleichzeitig mit der gesetzlichen Einführung gottesdienstlicher Feier des Sabbaths in der kanonistischen und bald auch der sonstigen Literatur der Griechen auf, und zwar mit einem Schlage. Der nachconstantinische Ursprung dieser Einrichtung ergiebt sich, abgesehn von dem Schweigen aller älteren Schriftsteller bei den mancherlei Anlässen, die sich ihnen darboten, schon daraus, daß die Stellen der apostolischen Constitutionen, wo die gottesdienstliche Sabbathfeier neben der Sonntagsfeier empfohlen wird (II, 59; V, 20) nachweisliche Interpolationen sind. In der syrischen Didaskalia, welche die relativ ursprüngliche Gestalt von Const. lib. I—VI darstellt, ist an den betreffenden Stellen (didasc. apost. syr. 1854, p. 58, 28 und 95, 9 ff.) nur vom Sonntag die Rede; und nur auf den Sonntag und die ihm gleichartigen specifisch christlichen Feste paßt die in den griechischen Constitutionen selbst folgende Motivirung (II, 59 ed. Lagarde p. 90, 12 ff. V, 20 p. 155, 26 ff.). Ganz anderer Art sind die übrigens gleichfalls in der syrischen Didaskalia nicht enthaltenen Stellen II, 36 p. 63, 9—14 und VI, 23 p. 187, 1—3, wo im Anschluß an den Dekalog und in der Weise der älteren Lehrer eine geistige Sabbathfeier gefordert wird, aber, wie an der zweiten Stelle ausdrücklich gesagt wird, eine tägliche. Hier handelt es sich also gar nicht um die gottesdienstliche Feier des 7. Wochentages, während an jenen Stellen, wo eine solche geboten wird, diese in keinerlei Beziehung zum Dekalog gesetzt wird. Die Darstellung von Ritschl, Entstehung der altkath. Kirche, 2. Aufl., S. 329, insbesondere die Bemerkung gegen Baur, Anm. 2, ist demnach unrichtig. Der Sabbath als christlicher Gottesdiensttag ist von dem nachconstantinischen Interpolator in die apostolischen Constitutionen eingetragen. Auch in der dem Epiphanius bekannten Gestalt der apostolischen Diataxen kann Derartiges nicht gestanden haben; denn während Epiphanius die Regeln über Sonntagsfeier, Fasttage u. s. w. auf jene Diataxen zurückführt (haer. 75, 6; 70, 11; expos. fidei cath. 21), weiß er in Bezug auf den Sabbath nur das Thatsächliche zu berichten, daß an demselben in einigen Kirchen Gottesdienst gehalten wird (expos. 21). Von der Mitte des vierten Jahrhunderts an kommen die Zeugnisse für diese christliche Sabbathfeier vor und zwar sofort massenhaft (Cf. Zacagni, coll. monum. veterum praef. LXXVIII sqq. Bingham, orig. eccl. l. XIII, 9, 3 [ed. Grischovius vol. V, 284 sqq.]; XX, 3 [vol. IX, 51 sqq.]). In den späteren Büchern der apost. Constit. (VII, 23: fröhliche Feier des Sabbaths wie des Sonntags im Gegensatz zu den Fasttagen; VIII, 32: Arbeitsruhe der Sclaven an diesen Tagen wie an den übrigen christlichen Feiertagen s. oben Anm. 27) wird die Sabbathfeier als Erinnerung an die (vollbrachte) Schöpfung aufgefaßt (cf. const. ap. II, 36; VI, 23; Pseudoign. ad Magn. 9 p. 202, 9—17 meiner Ausgabe). Wer am Sabbath mit Ausnahme des einen Ostersabbaths fastet, gilt nun ebenso als Christusmörder (Pseudoign. ad Philipp. 13 cf. const. ap. V, 20 Lagarde p. 155, 24; can. apost. 65), wie nach den älteren Diataxen (Epiph.

haer. 70, 11) der, welcher am Sonntag fastet. Aber Pseudoignatius polemisirt zugleich eifrig gegen Arbeitsruhe am Sabbath als ein judaistisches Wesen (cf. Concil. Laodic. can. 29), eine Betrachtungsweise, welche auch const. apost. II, 36; VI, 23 noch deutlich durchblickt. Es ist eben dem Redactor unseres Constitutionenbuchs nicht gelungen, die beiden, ganz verschiedenen Zeiten und Kreisen entsprungenen Vorstellungen vom Sabbath völlig auszugleichen, die altkatholische, welche auf allegorischer Deutung des dritten Gebots beruht, und die nachconstantinische, welche auf der Praxis beruht, den Sabbath als einen sonntagähnlichen Tag zu feiern. — Daß am Sabbath Gemeindegottesdienst stattfinde, wird vom 16. Kanon der laod. Synode vorausgesetzt, und es wird verordnet, daß auch an diesem Tage evangelische Stücke neben anderen Schriften vorgelesen werden sollen. Gerade die Artikellosigkeit von εὐαγγέλια, durch welche Neander (I, 2, 575) und Hefele (I, 762) sich beirren lassen, zeigt wohl, daß es auf die Qualität der Lectionen als evangelische ankommt. Es soll nicht mehr ein Vorzug des Sonntags sein, daß an ihm evangelische Perikopen gelesen werden. So bemerkt Cassian (instit. coenob. II, 6), daß am Sabbath wie am Sonntag beide Lectionen dem neuen Testamente entnommen werden, während an anderen Tagen eine alttestamentliche mit einer neutestamentlichen verbunden wird. Auf Gleichstellung des Sabbaths mit dem Sonntag zielen auch can. 49 und 51 derselben Synode, wonach nur an diesen beiden Tagen während der Fastenzeit Abendmahlsfeier und Märtyrerfeste stattfinden dürfen. Der einzige Unterschied zwischen Sabbath und Sonntag, welchen diese Synode gemacht haben will, die Untersagung der Arbeitseinstellung am Sabbath (can. 29), wurde schon vorhin erwähnt, s. auch Anm. 27. — Diese wesentliche Gleichstellung des Sabbaths mit dem Sonntag, meist auch rücksichtlich der Abendmahlsfeier, ist für die Kirchen von Konstantinopel, Kappadocien und Pontus, von Antiochien und Egypten ausreichend bezeugt durch Basil. ep. 93 ed. Bened. III, 186; Asterii Amas. homil. ed. Rubenius Antw. 1615 p. 61; Chrysost. hom. 11 (al. 10) in Johann. (Montfaucon VIII, 62); hom. 25 (al. 24) in Johann. (vol. VIII, 143); hom. V, 3 in 1 Tim. (vol. XI, 577); Pseudoathan. de semente (ed. Patav II, 45 s. oben Anm. 19); Pallad. Lausiaca c. 39 (Meursii opera VIII, 454); Cassian. instit. coenob. II, 6; III, 2 u. 9; V, 26; Socrates h. e. V, 22; VI, 8

(p. 286 D; p. 312 D ed. Mogunt.); Sozom. VIII, 8. Auch im Abendland findet am Sonnabend wenigstens Predigt statt. In einer Sonnabendspredigt sagt Augustin: Ad istum diem, id est sabbatum, maxime hi adsolent convenire, qui esuriunt verbum domini (sermo 128 § 6 tom. VII, 629; cf. enarr. in psalm. 91 tom. VI, 235 sq.). Aber über den Ursprung der Sitte findet man an an allen diesen Stellen gar nichts außer der wiederholten Versicherung, daß sie mit dem Judenthum und dem mosaischen Gesetz nichts zu schaffen habe. — Ihr plötzliches Auftauchen im griechischen Orient wäre sehr einfach, wenn auch zunächst nur äußerlich zu erklären, wenn wirklich Constantin, wie Eusebius (vita Const. IV, 18) nach der handschriftlich überlieferten Lesart bezeugt, die Feier des Sabbaths neben dem Sonntag angeordnet hätte. Denn daß dort τὸ σάββατον den christlichen Sonntag bedeute, ist nur eine verwegene und durch Berufung auf Suic. thes. II, 919 ed. 2 in keiner Weise entschuldigte Behauptung von Heinichen z. d. St. (ed. 2 p. 159). Nachdem Eusebius vorher zweimal den Sonntag den „Herren= und Heilands= tag" genannt hat (§ 1), wie gleich nachher (§ 3) wieder den „Heilandstag", versteht es sich von selber, daß „die den Namen des Heilands tragenden Tage", an welchen Constantin seinen Unter= thanen die Arbeitsruhe anbefohlen (§ 2), die Sonntage sind und nicht etwa andere christliche Feste im Unterschied vom Sonntag und im Gegensatz zu demselben. Somit sind die Worte ὁμοίως δὲ καὶ τὰς τοῦ σαββάτου ἡμέρας τιμᾶν durch den Zusammenhang selbst gegen jedes Mißverständnis sichergestellt, ganz abgesehen davon, daß während der ersten 5 Jahrhunderte kein Mensch den Sonntag Sabbath genannt hat. Die an dieser Stelle bezeugte Thatsache wäre nicht nur bequem für die Erklärung der nachconstantinischen Sitte der Sabbathfeier. Es ließe sich vielleicht auch aus dem monotheistischen Synkretismus Constantin's erklären, daß er vorübergehend einmal dem heiligen Tag der Juden neben dem der Christen eine gewisse Auszeichnung habe zuwenden wollen. Aber die Lesart ist wie Valasius z. d. St. ganz richtig bemerkte, unhaltbar. Die wenn nicht von Eusebius selbst her= rührende, so doch uralte Kapitelüberschrift und Sozomenus (h. e. I, 8 p. 412 B) setzen die Lesart τὰς πρὸ (τοῦ) σαββάτου voraus, und die nachträgliche Entstehung dieser Lesart wäre unbegreiflich, da der Freitag später niemals als ein Tag der Arbeitsruhe vorkommt. Da=

gegen entstand der überlieferte Text fast unvermeidlich, als man sich gewöhnt hatte, nicht sowohl den Freitag als vielmehr den Sabbath mit dem Sonntag als ein „schönes Zwiegespann" zusammenzustellen (Asterius Amas. a. a. O.). Hieran ist Constantin unschuldig. Er hat nur einen Versuch gemacht, dem Freitag als Todestag Jesu ähnliche Ehren zuzuwenden als dem Sonntag als Auferstehungstag. Im öffentlichen Leben wird er nicht damit durchgedrungen sein und daher später die betreffende Verfügung nicht in die Gesetzsammlung Aufnahme gefunden haben. — Das anscheinend plötzliche Auftauchen der christlichen Sabbathfeier bleibt räthselhaft. Am wahrscheinlichsten ist noch immer, daß ein zunächst nur zur Einleitung des Sonntags dienender Gottesdienst am Sabbathabend allmählig dem ganzen Sabbath den Charakter einer Sonntagsvorfeier gab (Binterim, Denkwürdigkeiten der christ.-kathol. Kirche V, 1, 134). Für Cypern und das kappadocische Cäsarea bezeugt Sokrates (V, 22 p. 288 A) Schriftvorlesung und Auslegung am Sabbathabend, und ebenso Abendmahlsfeier zur selben Zeit für Egypten (l. l. p 286 D). Das ὀψὲ σαββάτων Matth. 28, 1 scheint nicht ohne Einfluß darauf gewesen zu sein (Cassian. instit. coenob. II, 18; Pseudoathan. quaest. ad Antioch. ed. Patav. II, 229).

40) Das Erstere sagt Gregor von Nyssa, das Zweite Asterius von Amasea, beide citirt von Zacagni l. l. p. LXXIX.

41) Orig. contra Cels. VIII, 22 sq. Auf ihn bezieht sich ohne Namennennung Hieronymus im Commentar zum Galaterbrief (Martianay IV, 1, 271). Vgl. aber auch schon Clemens strom. VII. §. 35.

42) Concil. Illiber. can. 31 cf. Sardic. can. 14 (latin., 11 graec.); Quinisext. can. 80.

43) Tertull. de fuga 14. Die Vertheidiger der Geldzahlungen zum Zweck der Befreiung von polizeilichen Belästigungen sagten: Sed quomodo colligemus? quomodo dominica solemnia celebrabimus? — Ein rührendes Zeugnis sind die acta Saturnini, Dativi etc. aus der diocletianischen Zeit (Ruinart p. 409—419 ed. 1). Vielleicht ist es nicht überflüssig, beiläufig ein Misverständnis Binterim's (Denkw. V, 1, 127 Anm.) zu berichtigen. Dieser fand eine Bezugnahme auf ein altes Kirchengesetz betreffs der Sonntagsfeier in dem Ausruf des Presbyters Saturnin: Intermitti dominicum

non potest. Lex sic iubet und nachher noch einmal: Lex sic
iubet, lex sic docet (p. 414 Ruinart). Das Neutrum dominicum
bedeutet aber niemals den Sonntag, sondern nur das Abendmahl
(convivium dominicum Tertull. ad uxor. II, 4). So in diesen
Acten durchweg z. B. c. 7 p. 412: et in collecta fui et dominicum cum fratribus celebravi; vgl. damit die im Eingang dieser
Anm. citirten Worte Tertullian's oder August. brevic. collat. c.
Donat. coll. tertii diei §. 32. In den acta Saturn. c. 2 p. 410
findet sich neben dominicum die sinngemäße Variante dominica
sacramenta. So ist dies Wort auch zweifellos zu verstehen bei
Cypr. de opere et eleemos. c. 15; epist. 63, 16; Pseudocypr.
de spectac. 5. Ob dominicum jemals außer in Uebersetzungen aus
dem Griechischen (z. B. Acta Phil. Heracl. c. 3, 4 bei Ruinart
p. 444) das Kirchengebäude (= τὸ κυριακόν) bezeichnet, weiß ich
nicht. Münter (Primordia eccl. Afric. p. 35) und die Benedictiner
zu August. serm. 32, 22 in psalm. 143 (tom. VII, 165 sq.)
haben es nicht bewiesen. — Das Gesetz aber, worauf jene Märtyrer
auf der Folter sich berufen, ist kein einzelnes Gebot sei es Gottes und
Christi sei es der Kirche, sondern, wie der Berichterstatter sich einmal
ausdrückt (c. 11 p. 415) das vom Geist des lebendigen Gottes ins
Herz geschriebene Gesetz. Der Lector Emeritus (c. 11 p. 414) ant=
wortet auf die Frage des Proconsuls, warum er anderen Christen
erlaubt habe, sich in seinem Haus zu versammeln: „weil sie meine
Brüder sind, und ich sie nicht fernhalten konnte." — Aber du mußtest
sie fernhalten. — „Ich konnte es nicht, weil wir nicht ohne Abend=
mahl sein können." Noch einmal wiederholt er auf der Folter seinen
Satz: „Ich konnte nicht anders, als meine Brüder aufnehmen."

44) Die verdienstliche Sammlung von Jrmischer I, 2—7 ge=
währt einen bequemen Ueberblick. In einem Erlaß von 386 (cod.
Theod. lib. VIII, tit. 8, l. 3) tritt zuerst neben die Benennung als
solis dies die andern: quem dominicum rite dixere maiores;
in einem andern von 409 (cod. Theod. lib. IX, tit. 3, l. 7) heißt
es nur noch dominicis diebus. — Ein Zeichen der Abwendung von
dem Experiment Constantin's scheint auch das zu sein, daß das Haupt=
gesetz Constantin's über den Sonntag (Digest. lib. III, tit. 12, l. 3)
in die theodosianische Sammlung nicht aufgenommen wurde, und daß
das Gebot der Arbeitsruhe, welches darin die Hauptsache war, lange

Zeit hindurch nicht wieder eingeschärft worden ist. Erst Kaiser Leo (457—474) ging auf das Gesetz Constantin's zurück, welches ihm durchaus ungenügend erschien, erstreckte das Verbot der Sonntagsarbeit auch auf die Landleute und motivirte dasselbe schließlich auch durch Vergleichung mit der jüdischen Sabbathheiligung und der größeren Verpflichtung der Christen, Gott wenigstens einen Tag der Woche zu weihen (Leonis I nov. 54 im Corp. iur. civ. ed. Beck II, 2, 1307 cf. Excerpta ex h. e. Theodori lect. in Theodoreti, Euagrii h. e. ed. Moguntin. 1679 p. 553).

45) Cod. eccles. Afric. can. 60. 61. (Bruns, canon. ap. et conc. I, 170 sq.) vom J. 401 vgl. Hefele, Conciliengesch. II, 81.

46) Bruns II, 200; Mansi IX, 19. Das Verbot der Feldarbeit wird hier nicht auf ein göttliches Gebot, sondern auf das Bedürfnis der Betheiligung am Gottesdienst gegründet. — Aehnlich ist es bei Gregor dem Großen. In Bezug auf den Sabbath wiederholt er die altkirchlichen Ideen und tadelt nicht bloß diejenigen, welche durch Feier des Sabbaths neben dem Sonntag das Sabbathgebot erfüllen wollen, sondern auch diejenigen, welche den Sonntag z. B. durch das Verbot des Badens sabbathartig gestaltet haben wollten (Epist. lib. XIII, 1 ed. Bened. II, 1213 sq.).

47) So in den Beschlüssen der 2. Synode von Macon von 585 (Bruns II, 248 sq.; Mansi IX, 949 sq.). — Der Ausdruck opus servile, dessen regelmäßige Anwendung in den Sonntagsverordnungen der Folgezeit Irmischer's Sammlung veranschaulicht (S. 13. 14. 15. 17. 20. 33. 51. 53) stammt aus 3 Mos. 23, 7. 8 und 28 Vulgata, wo gar nicht vom eigentlichen Sabbath, sondern von Passah und Versöhnungsfest die Rede ist. Aber man trug das Wort servile auch in den Dekalog selbst ein, s. Irmischer S. 14.

48) Diese Combination findet sich in dem pseudoaugustinischen serm. 280 (al. 251 de tempore) tom. XVI, 1414 sq., welchen man nicht wegen einiger Entlehnungen aus Cäsarius Arel. diesem zuschreiben sollte. Man könnte ihn ebensogut dem Verfasser des pseudoalcuinischen Buchs de divinis officiis zuschreiben, dessen cap. 27 (Migne ser. II tom. 101 p. 1226 sq.) hier wörtlich ausgeschrieben zu sein scheint. — Ein chronologisch festes, freilich sehr spätes Datum für die ausgebildete Theorie giebt die Synode von Friaul, nach

Hefele (Conciliengesch. III, 718) vom Jahre 796. Nach dem 13. Kanon derselben ist der Sonntag das sabbatum delicatum domini aus Jesaj. 58, 13; aber auf diesen Sabbath werden die mosaischen Strafbestimmungen in Bezug auf den jüdischen Sabbath angewandt (Mansi XIII, 851 sq.).

⁴⁹) Gregor. Turon. de mirac. Martini III, 31. 55. 56.

⁵⁰) Conf. Aug. art. XXVIII abus. 7 § 58. Das Mißverständnis, welches der lateinische Text bei Vernachlässigung des Zusammenhangs zuläßt, ist im deutschen Text völlig ausgeschlossen, wo die entbehrlichen Worte ecclesiae auctoritate gar kein Aequivalent haben. — Außer diesem Abschnitt, dessen Ueberschrift de potestate ecclesiastica allein schon deutlich sagt, wohin der Sonntag gehört, kommen für unsere Frage bekanntlich hauptsächlich noch in Betracht die Darlegungen der Apologie zu art. VII u. VIII und zu art XV, sowie letzterer Artikel selbst.

⁵¹) Calvini instit. rel. christ. [ed. 1], Corp. Ref. XXIX p. 36 sq.; die späteren Ausgaben von 1536—54 p. 401 sq. Hiermit stimmt überein der Genfer Katechismus (Niemeyer, collect. confess. p. 143 sqq.).

⁵²) Die Conf. Scot. I (Niemeyer p. 347) reproducirt das Sabbathgebot mit den Worten: verbum eius audire, ei fidem dare, sanctis eius sacramentis communicare. Sehr klar lehrt auch die Helv. post. (Niemeyer p. 526 sq.).

⁵³) Einige nützliche Nachweisungen finden sich bei O. Henke a. a. O. S. 17 ff. Aber ungenau ist das Urtheil, daß der Züricher R. Hospinian in seinem Tractatus de festis Christianorum von 1593 (mir vorliegend in der Ausg. Genevae 1674) noch wesentlich mit der reformatorischen Lehre übereinstimme. Der entscheidende Schritt zur Abirrung von der paulinischen und der reformatorischen Lehre ist bereits, wenn auch unbewußt, gethan, wenn Hospinian p. 12 behauptet, daß die Beobachtung des Sonntags im 4. (3.) Gebot von Gott geboten sei, oder wenn er gleich in der Dedicationsepistel lehrt, daß das Sabbathgebot sowenig wie der Dekalog überhaupt durch Christus aufgehoben sei. Das hat anderen Sinn als die gelegentliche Hervorhebung des Dekalogs bei einem Irenäus (s. oben

Anm. 32), auf welchen Hospinian sich beruft, oder in der Apologie der Augustana (art. III §. 3). Den veränderten Standpunkt verräth auch der Versuch Hospinian's nachzuweisen, daß der Sabbath schon vor Moses bestanden habe und eine mit der Schöpfung gleichalterige Institution sei. Daneben finden sich noch echt evangelische und gelehrte Erörterungen sowohl gegen die schwärmerischen Petrobrusianer aus des h. Bernhard Zeit als gegen die Jesuiten seiner eigenen Zeit.

Verlag von **Carl Meyer** (Gustav Prior) in Hannover.

Reden aus dem geistlichen Amte
von
Dr. E. Niemann.
Erste und zweite Reihe.
Jeder Band geh. 5 ℳ. Eleg. geb. 6 ℳ. 20 ₰.

„Die Geister der Propheten müssen den Propheten unterthan sein." Wir sind an dem Verfasser die Gedankenblitze und die Tiefblicke gewohnt, nicht minder aber die außerordentliche Begabung, dieselben mit feinstem Takte homiletisch für die Kanzel zu verwenden. In beiden Beziehungen krönt die vorliegende Arbeit die vorangegangenen und damit die schriftstellerischen Leistungen einer fünfzigjährigen reichgesegneten Amtswirksamkeit. Anderen Sammlungen möge der Preis der Volksthümlichkeit, des Bilderschmuckes, der Belebung durch Züge aus dem täglichen Leben zuerkannt werden. Reden wir aber von homiletischen Meisterwerken, welche durch Geistesfülle, durch Reichthum geistlicher Erfahrung, vor allem aber durch gediegene Schriftauslegung ihren Werth und überdies durch edle durchsichtige Sprache ihr klassisches Gewand erhalten, dann stehen wir hier vor solch einer seltenen Meisterschöpfung.

Das angenehme Jahr des Herrn.
Epistelpredigten auf das ganze Kirchenjahr.
Von
Dr. K. K. Münkel.
Dritte Auflage.
Geh. 6 ℳ. Eleg. geb. 7 ℳ. 50 ₰.

Der Tag des Heiles.
Evangelienpredigten über das ganze Kirchenjahr
nebst
Fasten- und Bußtagspredigten.
Von
Dr. K. K. Münkel.
Zweite Auflage.
Geh. 8 ℳ. Eleg. geb. 9 ℳ. 50 ₰.

Es giebt wenig Predigten aus neuerer Zeit, welche so viele Vorzüge in sich vereinigen, wie die Münkel'schen; lutherische Entschiedenheit und Klarheit in kerniger eindringlicher Sprache sichern denselben einen bleibenden Werth. Trotz der vorwiegenden Lehrhaftigkeit kommt das erbauliche Element doch zu seinem vollen Rechte, trotz der reichen Gedankenfülle bleiben diese Predigten doch gemeinverständlich.

Verlag von **Carl Meyer (Gustav Prior)** in Hannover.

Constantin der Große und die Kirche.
Vortrag
gehalten im Evangelischen Verein zu Hannover

von

D. Theodor Zahn,
o. Professor der Theologie.

Geh. 75 ₰.

Weltverkehr und Kirche
während der drei ersten Jahrhunderte.
Vortrag
in den evangelischen Vereinen zu Bremen und Hannover
gehalten

von

D. Theodor Zahn,
o. Professor der Theologie.

Geh. 1 ℳ.

Humanität und Christenthum.
Zwei Vorträge,
im Evangelischen Verein zu Hannover gehalten

von

Dr. E. Niemann,
Oberconsistorialrath und Generalsuperintendent.

Zweite Auflage.

Geh. 1 ℳ 50 ₰.

Hofbuchdruckerei der Gebr. Jänecke in Hannover